송운松韻
성찬경 시세계의 재발견

송운松韻
성찬경 시세계의 재발견

2016년 12월 13일 | 서울 대교구 교회 인가
2016년 12월 20일 | 초판 발행

지은이 | 김우창/이재성/김태환
펴낸이 | 호명환
만든이 | 이상호
펴낸곳 | 작은 형제회(프란치스코회) 한국 관구
　　　　프란치스코 출판사(제2-4072호)
주　소 | 서울시 중구 정동길 9
전　화 | (02) 6325-5600
팩　스 | (02) 6325-5100
이메일 | franciscanpress@hanmail.net
홈페이지 | www.franciscanpress.org

ISBN 978-89-91809-55-0

값 10,000원

송운松韻
성찬경 시세계의 재발견

차 례

형이상 형이하의 시: "火刑遁走曲"과 그 후 / 13
성찬경 선생 3 주기에 부쳐서 - 김우창 교수(문학평론가)

詩集 "논 위를 달리는 두 대의 그림자 버스"의 신학적 전환 / 107
 - 이재성 수사(작은형제회)

Ⅰ. 들어가기 / 108

Ⅱ. 詩集 "논 위를 달리는 두 대의 그림자 버스"의 영적 구성 / 110

Ⅲ. 詩集 "논 위를 달리는 두 대의 그림자 버스"의 영적 내용 / 116
    (성 보나벤투라의 예술론과 松韻의 詩世界)

Ⅳ. 나가기 / 171

참고문헌 / 174

쓰이지 않는 도구의 시학 / 179
성찬경의 밀핵시에 관한 고찰 - 김태환 교수(서울대학교 독어독문학과)

Ⅰ. 서론 / 180

Ⅱ. 밀핵시론과 무의미시론 / 184

Ⅲ. 은유로서의 밀핵 / 189

Ⅳ. 의미의 두 의미: 기호학적 의미와 실용적 의미 / 196

Ⅴ. 순수시의 은유: 유리 파편에서 나사로 / 202

Ⅵ. 사용되지 않은 말들: 일자시를 향하여 / 209

Ⅶ. 결론 / 216

참고문헌 / 218

성찬경 약력

1930년 3월21일 충남 예산 출생
1956년 『문학예술』지를 통해 고 조지훈 선생의 추천으로 문단에 나옴
1961년 동인지 《60년대 사화집》간행 (박희진, 박재삼, 박성룡, 이성교, 이경남, 강위석, 최원규 등) 1967년 제 12집으로 종간
1963년 「밀핵시론」 착상
1964년 서울대 문리대 영문과 석사학위
1966년 11월 제 1시집 『화형둔주곡』 상재
1970년 4월 매주 화요일마다 4회에 걸쳐 까페 떼아뜨르에서 박희진 성찬경 2인 시낭독회를 가짐. 제 2시집 『벌레소리 송』 상재
1971~72년 미국 아이오와 대학 「국제 창작계획 International Writing Program 회원으로 참가」
1979년 서사시 「추사 김정희 선생」.『민족문학대계』 제 18권 연작시 「나사」로 제 11회 한국시인협회상 수상
4월 구상 박희진 조정권 등과 매월 마지막 수요일 공산사랑에서 「공간시낭독회」를 시작. 이후 2016년 11월 현재까지 이어옴
1980~81년 영국 옥스퍼드 대학에서 문학 연구
82년부터 시집 『시간음』, 『반투명』, 『황홀한 초록빛』, 『소나무를 기림』, 『묵극』, 『논위를 달리는 두 대의 그림자버스』, 『거리가 우주를 장난감으로 만든다』, 『해』, 『바스락바스락 작업을한다』 시선집 『풍선날리기』, 『육체의 눈 영혼의 눈』, 『나의별아 너 지금 어디에 있니?』 등
1996년 12월부터 2012년까지 8회에 걸쳐 「성찬경의 말예술」 공연
'말예술'이란 시낭독을 예술의 차원까지 끌어올리려는 일종의 문학적 퍼포먼스임
1975년 부터 성균관대학교 영문과 교수로 재직
가톨릭문인회 회장. 한국시인협회 회장. 대한민국예술원 회원

주요평론집 및 논문 『밀핵시론(2014)』, 「시어로서의 우리말 서설(1962)」, 「딜런토머스의 시와 방법(1965)」, 「T.S Eliot의 시에 관한 노오트(1974)」, 「쇤베르크와 무중력상태(1974)」, 「찬미와 밀도-제라드 맨리 홉킨즈의 경우(1976)」, 「William Blake 考(1982)」, 「우리시와 영시의 시적 감성에 관한 비교 연구(1990)」, 「문학과 생명(1993)」, 「시와 은유(1995)」
2013년 2월 26일 별세

시인의 죽음

　송운 성찬경 시인이 타계하시기 약 한 달 전쯤 식탁에서 충무공 이순신 장군 이야기가 나온 적이 있다. 화제가 장군의 최후에 이르자 마치 충무공과 무슨 교감이라도 한 적이 있는 듯 시인은 확신에 찬 어조로 나직이 장군의 최후는 의도된 것이라 하였다. 해전海戰이 막바지로 접어든 그날 갑옷을 입지 않고 갑판으로 나갔는데 이는 본인의 의도가 아니고는 있을 수 없는 일이라는 말씀이었다. 할 일을 다 마친 분의 죽음이라는 것이다.
　이때 시인의 음성이 잠시 울먹임으로 가늘게 떨렸다. 모를 듯 스쳐간 잠깐의 떨림이었지만 너무 가늘어 오히려 선명하던 그 여운이 나의 가슴에 남았다. '아니, 이분이 이토록 충무공을 사모하고 계셨단 말인가!'
　아주 오래 전 프란치스코 성인의 전기를 번역한 본인의 졸고를 들고 성 시인의 조언을 들으러 댁을 방문한 적이 있었다. 거친 나의 번역을 아주 알맞은 어휘로 교정해주시다가 어느 대목에 이르러 갑자기 터져 나온 시인의 통곡에 몹시 당황한 적이 있다. 나는 놀라서 격정이 잦아들기를 한 1분 남짓 기다리는 수밖에 없었다. 어느 대목이었을까. 정확한 기억은 없지만 그것도 역시 프란치스코 성인의 최후, 지상에서의 곤고한 삶을 다 마치고 극도로 핍진하여 고통 중에 생을 마감하는 장면이 아니었던가 싶다.

 그런데 프란치스코 성인은 예수 그리스도의 죽음 앞에서 늘 눈물을 흘렸다. 당신의 죽음으로 인류를 구하려했지만 그 죽음으로 천국에 드는 이가 너무도 드물어, 그 고귀한 사랑의 죽음이 헛되게 방치되기 때문이었다. 참사랑이 사랑을 받지 못하는 안타까움 때문이었다. 죽을 것만 같은 지상의 고통이 고통이 아니라고 아무리 소리쳐도 군상들은 여전히 현재의 고통을 피하려고만 발버둥치며 괴롭다 울부짖기 때문이었다.

 "행복하여라 마음이 가난한 사람들! 하늘나라가 그들의 것이다. 행복하여라. 슬퍼하는 사람들! 그들은 위로를 받을 것이다."(마태 5:3-4) 가난과 슬픔이 곧 행복이라는 말을 알아듣는 사람이 드물다. 하여 당신 삶의 끝자락에서 죽음이 곧 부활이라는 것을 십자가를 지고 골고다로 올라가 죽음으로 끝을 냈다. "다 이루어져 졌다"(요한 19:30) 그래도 인류는 여전히 어려움과 어두움으로부터의 명예와 부富로, 편안함과 즐거움으로의 탈출만을 필사적으로 시도한다.

 시인 성찬경 사도요한은 어느 건물의 높은 계단을 다 오르고 나서 끝자락에 놓여 있는 안락의자에 풀썩 주저앉아 영면永眠하였다 한다.

  살아서 숨 쉬는 시간은/ 사랑하는 사람 차지다.

  사랑 앞에서/ 시간은 늘어났다 오므라졌다 한다.

....

순수사랑으로 다 삭은 몸으로

백금 같은 노년의 위엄뿌리며

안락의자에 묻히는 행운아가 몇이나 될까.

「몽상」의 첫과 끝 연

   연수年壽 84세. 백금 같은 노년의 위엄 뿌리며 안락의자에서의 죽음을 꿈꾸며 살았을 시인은 그렇게 안락의자에서 생을 마감하였다. 할 일을 다 마친 시인의 죽음이었다.

작은 형제회(프란치스코회)

이재성 보나벤투라 형제

김우창

형이상 형이하의 시: "火刑遁走曲"과 그 후

성찬경 선생 3 주기에 부쳐서

1
―

　성찬경 선생은 입학 연도와 년 배로 치면 요즘의 표현으로 필자와는 세대 차가 있을 정도이지만 재학과 졸업의 년대로 치면 필자와 대학 재학 기간이 겹쳐서 대학에 다니는 동안에도 뵈올 기회가 있었다.(성찬경 선생은 1950년에 입학하여 1957년에야 졸업했고 본인은 1954년에 입학하여 1958년에 졸업했다. 성 선생의 학교 졸업이 지연된 것은 병환 등의 사연으로 그렇게 된 것으로 안다.) 학교에서 선생의 이름을 듣고, 뵙게 된 것은, 다른 것보다도 선생이 이미 시단에 데뷔하고 시인으로서의 이름이 나고 있었던 때문이었을 것으로 생각한다. 그리고 자주 만나지는 못하였지만, 때로 선생을 접할 기회가 있었고, 예술원 회원이 된 다음에는 이미 회원이 되어 계셨던 선생과 때때로 마주 대하게 되었다. 학생 시절의 인상이었는지 그 후의 인상 때문인지는 분명치 않으나, 처음부터, 선생은 똑바로 앞을 보시는 눈이 기억에 가장 또렷한 것이었던 것 같다. 작품에서 얻는 선생의 각별한 특징이, 집중과 넘치는 상상력이라고 한다면, 그렇게 앞을 보는 눈은 앞의 사물들을 응시하면서, 상상의 넓이는 동시에 잃지 않는 그러한 눈이 아니었던가 하는 생각이 든다.
　2013년에 돌연 별세하시고 나니, 더욱 가까이 접하고 말씀도 듣고 할 기회가 없었던 것을 유감스럽게 생각한다. 이제 3주기가 되어 이명환 선생의 초청으로, 선생의 작품들을 한번 되돌아 볼 수 있는 기회를 갖게 된 것을 기쁘게 생각한다.

본인이 대학에 입학한 해는 서울대학이 부산에서 서울 캠퍼스로 돌아온 첫해였다. 미군이 점유하고 있던 학교의 콘크리트 담에는 그때까지도 미군이 설치한 철조망이 그대로 남아 있었다. 참담한 전쟁에도 불구하고, 학교 분위기는 전체적으로 긴장된 시대의식보다는 자유주의적인 분위기가 강했던 것으로 생각된다. 학교 교복도 그때는 신사복이어서 나중에야 군복 비슷한 교복이 책정되었는데, 이것을 반대하는 움직임들도 있었다. 몇 해 전에, 수필집을 출간한 동기생 한 사람이 당시의 문리대의 정문 앞을 이야기하는 데에, 다음과 같은 묘사가 들어 있다. 환경도 그렇지만, 당시의 지적 분위기를 시사하는 것이어서, 인용하여 본다.

지금은 대학로의 확장으로 인해 복개되어 사라졌지만, 교문 앞에는 명륜동과 혜화동에서 청계천 쪽으로 흐르는 개천이 있었다. 우리는 그 개천을 '센 강'이라 불렀다. 아마도 '아프레게르' 풍조에 젖어 있던 학생들이 당대의 프랑스 실존주의 문학과 샹송에 탐닉하고 있었기 때문일 것이다.(이상옥, <이제는 한걸음 물러서서>. 서울대학교 출판문화원,[2013], p. 195.)

위에 인용한 것은 물론 당시의 지적 분위기 전체를 이야기하려는 것이 아니고 권중휘 영문과 교수의 모습을 말하면서, 그것을 곁들여 놓은 것이다. 그리고 이 글을 쓰고 있는 본인은 처음에는 영문과의 학생이 아니고 정치과의 학생이었기 때문에, 위에 이야기되어 있는, 상당이 낭만적으로 들리는 지적 분위기는 알지 못했다. 그러나 당시의 분위기가 자유주의적이었던 것은 사실일 것이다. 그렇다는 것은 나중에 민족주의 이데올로기의 대두로 정치 담론에 의한 사고의 틀의 협소화가 이루어지지는 않았었다는 말이다.(물론 이것은 전쟁 전까지의 좌우 대립이 일방적으로 단순화된 결과이기도 할 것이다.)

나중까지도, 이런 분위기 때문이었는지, 성찬경 선생의 시는 시발부터 당대 어떤 시인보다도 정치 이념에 얽매이지 않는 시였다. 그렇다고 그 시가 대학천을 센 강이라고 부른 당대의 서구지향의 낭만적 자유주의의 영향아래에서 시작되었다는 것은 아니다. 그보다는, 그러한 낭만주의를 만들어낸 넓은 사상적 탐구의 흐름이 있었고 성찬경 선생의 시적 추구는 그러한 흐름에서 나왔을 것이라는 생각에서 연상되는 것을 말한 것이다. 그렇다고 성 선생의 시가 전후의 또는 삶의 어두운 면에 대하여 눈을 감고 있었다는 것은 아니다. 그의 시적 그리고 정신적 탐구는 어둠을 포함한 삶의 모든 것을 어떻게 하면 가장 넓은 관점에서—처음에나 만년에나, 우주와 초월 그리고 상상할 수 있는 모든 가능성 속에서, 시로써 파악할 수 있을까 하는 것을 묻는 것이었다. 이것이 초기의 호방한 상상력의 실험으로부터 후기의 종교적 신앙에 이르기까지 선생의 시적 영감의 동기였다고 할 수 있지 않나 한다. 이와 관련하여 또 하나 생각할 수 있는 것은 그가 일찍이 폐결핵을 앓았다는 사실이다. 그것은 당연히 그의 시각을 정치적인 것으로부터 보다 개인적인 문제로 향하게 하였다고 할 수 있다. 그리고 종종 개인의 문제는 바로 보편적 인간의 문제로 나아가는 통로가 된다. 이것은 그의 시의 모든 곳에서 느낄 수 있다.

그런데 이것은 그의 시각이 보편성과 객관성을 향하여 열려 있었다는 말이기도 하지만, 실제 그의 시적 상상력은, 흔히 시에서 볼 수 없을 만큼, 철학적 형이상학적 개념으로 인간의 체험을 파악하고자 하였다는 말이기도 하다. 그러면서 동시에 그것은 개념적 일반화가 아니라, 인간의 체험—많은 경우 지각의 차원에서 파악된 체험으로부터 그러한 보다 넓은 개념으로 나아가고자 하는 노력의 결과였다. 사실 그의 시는 대체로 형이하의 사실과 형이상의 개념 또는 이념이 맞물리는 변증법적 긴장을 보여주는 경우가 많다. 그리하여 그의 시는 매우 희귀한 철학적 표현의 시험이 된다. 일반 독자의 관점에서 그것은 많은 시를 난해하게 한다. 그러나 그 난해함은 시적 사고 또는 철학적 사고의 오류에 기인하는 것이 아니다. 그렇기 때문에 난해한 시의 수수께끼는 많은 경우 결국 정연한 구도를 가진 의미작용으로 풀릴 수 있다. 그리고 그것은 정독精讀 노력에 값한다. 아마 이 자리에서 그러한 정독을 충분히 실천해 보일 수는 없겠지만, 거기에서 얻을 수 있는 보람을 조금은 예시할 수 있기를 바란다. 그럼으로써, 성찬경 선생을 기리는 일을 대신하였으면 한다.

성 선생의 시에는 김규영金奎榮 교수를 기리는 몇 편의 시가 있다. "Schoene Seele"라는 시의 머리에 김 교수의 정신적 추구의 특징을 요약하는, 다음과 같은 말이 있다.

> 그 왕국엔
> 觀念이란 금붕어의 무리가 유유히 헤엄치는
> 깊은 思想의 江이 흐르고.
> 時間은 꿈속의 무지개 되어
> 中天에 永遠히 옴낫 않고 걸려 있고....

　이것은 이상화된 김규영 교수를 말한 것이기도 하지만, 성 선생의 시적 지향을 나타낸 것이라고 할 수도 있다. 그가 원한 것은 관념이나 사상 또는 영원 속의 관념과 사상의 진실이었는데, 다만 그것을 철학자의 입장에서보다는 시인의 입장에서 생각해 보고자 하였다고 말할 수 있다. 바로 위의 시구가 표현하는 것이 그러한 의도이다. 위의 시련詩聯은 금붕어, 강, 무지개 등의 구체적 사실들을 말하면서, 그것이 바로 추상적인 개념의 모습인 것으로 말하고 있다. 이러한 구체적인 것들이 빠지면, 시는 본령을 벗어나는 것이 된다. 그러면서도, 철학과는 다른 의미에서 보다 높은 이념적 진실에 이르고자 한다. 그런데 성찬경 선생에 있어서, 이러한 이념―구체적이면서 추상적인 이념은 다른 시인에서 흔히 보는 것보다 시적 사고의 수단이었다. 다만 그 둘―개념 또는 이념과 체험적 사물 사이의 긴장은 그의 시를 보다 복잡하게 그리고 난해하게 하였다고 할 수 있다.("Schoene Seele"라는 제목은 물론 괴테의 <빌헬름 마이스터의 수업시대>에서 나온 것으로, 현실과 이상을 아우를 수 있는, 괴테적인 전인적 인간상을 집약하는 말이다. 이것은 성찬경 선생의 인간 완성의 이상이기도 하였을 것이다)

2

　위의 김규영 선생 송가는 <火刑遁走曲>에 실려 있다. 성 선생의 발표된 첫 시는, 연보에 의하면, 1951년이 발표된 해였으나, 시집으로는 1966년에 나온 <火刑遁走曲>이 첫 시집이다. 이 제목은 1957년에 발표된 작품의 제목을 사용한 것인데, 제목 자체가 성 선생의 시의 경향과 상상력의 전형을 잘 드러낸다고 할 수 있다. 그리고 이 전형은 그의 만년의 작품에서까지 계속 발견할 수 있다. 놀라운 일이라고 하지 않을 수 없다. 그리하여 이 초기 시를 살피는 것은 이 일생을 일관하는 흐름에 접하는 것이 된다.
　말할 것도 없이 화형은 서양 중세의, 이단자로 몰린 사람을 가장 가혹하게 처형하는 방법이다. 둔주는 여기에서 두 가지 의미가 있는 것으로 취할 수 있다. 하나는 한문 그대로 도주한다는 의미이다. 그 앞의 화형과 관련하여 볼 때, 그것은 화형을 피하여 달아나는 행위를 의미한다. 그러나 '둔주'는 곧 '곡'과 연결되기 때문에, 둔주가 음악을 지시하는 것임은 물론이다.(출전이 되는 이탈리아어에서도 뜻은 마찬가지이다.) 둔주곡은 두 개 또 그보다 많은 선율이 서로 다르면서 동시에 화성和聲으로써 대응하는 대위법對位法을 사용하고 또, 주제, 간주, 변조 그리고 그 반복을 구조로 하는 바로크 시대에 등장한 음악수법이다. "火刑遁走曲"에서 이 둔주곡도 두 가지 의미가 있다. 하나는 화형 또는 죽음을 피하여 달아나는 것을 주제로 한다는 것을 말하고, 다른 하나는 둔주의 현실을 음악으로 승화昇華하는 것을 말한다. 그러니까 죽음의—그리고 삶의, 괴로운 현실이 음악이라는 예술로 하여 승화하는 것이다. 예술은 고난을 말하면서, 그것을 승화하고 더 나아가 찬미할 수 있게 한다.

말한 바와 같이, 성찬경 선생의 시들은—특히 그의 업적으로 대표하는 것으로 생각되는 시들은 자세한 주석과 해독解讀이 필요하다. 그것이 그의 시를 읽는 방법이다. 여기에서 너무 많은 시를 가지고 그러한 해독을 시도할 수는 없다. 그러나 그러한 노력 없이는 성 선생의 시적 주제나 경향 그리고 수법을 이해할 수 없다. 극히 제한된 범위에서이지만, 그의 시의 특징을 넘겨보기 위하여, 이 시, "火刑遁走曲" 만이라도, 조금 자세히 읽어보기로 한다.

이 시에서 우선 주목할 수 있는 것은 언어의 정확성이다. 그것은 7행의 연聯, 14개의 연으로 구성된 형식적 정연함에서도 느낄 수 있다. 더 중요한 것은 한편으로는 정확한 감각의 전달 그리고 다른 한편으로 이에 대한 분명한 개념적 파악을 포용한다는 점이다. 이러한 정확성—특히 과학적 지식에 근거한 정확함은 다른 시인에서 쉽게 볼 수 없는 것인데, 이러한 특징들을 27세에 발표된 이 시에서 볼 수 있다는 것은 놀라운 일이다. 가장 오랜 친구였던 박희진 선생의 말에 의하면, 성찬경 선생은 중학 시절에, 자기와 같은 '문학치文學痴'가 아니고, 수학과 물리 그리고 여러 과목에서 뛰어났던 학생이었다고 한다.(<소나무를 기림>, 1991.) 그러한 연유가 있어서인지는 모르지만, 성찬경 선생의 시에는 물리학이나 생물학에 대한 언급이 도처에 있다.

시 "火刑遁走曲"은 이렇게 시작한다.

>   가을바람이 두 볼에 차다.
>
>   크나큰 예감을 지팽이 삼고
>
>   어느 덧 두멧길을 무한 걸었다
>
>   드디어 다다른 어느 봉우리.
>
>   온통 새로운 하늘 땅이 시야 속에 툭 솟고
>
>   그곳에선 무거운 儀式으로
>
>   시간도 숨가빠 걸음을 멈출 지경.

이 시작 부분은 비교적 간단하게 산에 오르는 것을 이야기하지만, 이 시의 특징 그리고 성 시인의 특징이 추상적 언어들인 만큼, 시의 말들을 다시 약간 멈추어서 생각해보는 것이 좋다. 시인은 어려운 노력으로 산길을 걸어 산정山頂에 이른다. 등산은 삶의 역정을 말하기도 하고, 정신적 추구에 대한 상징이기도 하다. 산정에 이르면, 많은 것을 새로이 보게 된다. 그러면서 이것은 의식儀式으로 정형화되어 있다. 등산의 목적은 시간의 의식을 거행하자는 것이다. 의식은 시작과 끝 그리고 세말사와 전체를 일정한 형식 속에 수용한다. 이 의식儀式은 시인 개인이 설정한 의식이겠지만, 의식 자체는 종교적인 의미 그리고 공동체적인 의미가 있는 것이기 때문에, 어떤 습속을 발전시켜보려는 의도를 가진 것이라고 할 수도 있다. 이 의식을 위한 예감이 지팡이가 되어 힘든 등산을 가능하게 한다.(성 시인의 특징 그리고 강점은, 적어도 초기 시에서, 개인적인 사정을 최대한으로 유보하고, 객관적인 시적 진술을 시도하는 것이기는 하지만, 이 시를 이해하는 데에는 시의 화자가 죽음이 임박한 사람이라는 것 그리고 그것은 시인 자신이 앓았던 폐결핵에 관계되는 일이라는 것을 상정하는 것이 편리할 것이다.)

산정山頂에서 보게 되는 것은 일몰의 광경이다. 이것은 단순한 일이지만, 그 비유적인 묘사가 자못 화려하다.

> 慣性을 가득 실은 기관차처럼 늠름히
>
> 산과 산은 따의 끝까지 遁走하고
>
> 그 너머 피로 빚은 듯 붉은 술의
>
> 바다가 뒤집어 沸騰한다.
>
> 轟音이 소리 없이 흘러 鎭魂曲을 연주하고

그 가락에 몰리어 美麗한 표정으로

태양이 오늘을 殞命한다.

  해지는 가운데 산들은 정지해 있는 것이 아니라 움직이고 있다. 그것은 한편으로는 기관차에 비교되고 다른 한편으로는, 보이지 않게 물리적 법칙—관성이라는 법칙으로 설명된다.(관성은 변화에 저항하는 힘이다. 그러나 그 본래의 의미는 저항이 없는 한, 일정한 속도로 움직임을 유지하는 물질 현상을 가리킨다.) 사실 요지부동하고 있는 듯한 산도 기관차처럼 달리고 있는 것이다. 산의 움직임은 일몰하는 태양을 쫓아 움직이는 산 그림자로 하여 느껴지는 것이었는지 모른다. 바다가 피에 젖은 것처럼 보이는 것은 저녁 햇빛으로 인한 것일 것이다. 그러면서 여기의 피는 생명 현상을 말한다. 생명 현상도 바다처럼 넓은 현상이다. 그 피바다가 뒤집어 비등하는 원인은 무엇인가? 생명은 자기도취 속에서 마치 세계의 법칙을 뒤집어 놓을 듯 들끓는다. 다시 말하건대, 생명은 얼핏 보아 일몰의 태양이 보여주는 시간의 흐름에 저항한다. 그러면서 그것은 생명의 에너지 또 자신을 지양하여 높은 진리에 이르고자 하는 갈망으로 비등한다. 그러나 그것보다 큰 힘은 소리가 없으면서도 기차처럼 달리는 지구의 자전自轉이다. 그리하여 일몰이 되는 것은 생명에 대한 진혼곡을 울리는 것과 같다. 태양은 자전하는 것도 아니지만, 지구의 움직임으로 하여 태양의 생명 자체가 끝나는 듯한 인상을 준다. 사실 나날의 시작과 끝은 태양보다는 지구 자체의 움직임에서 오는 것이지만, 어떤 관점에서든지 사물에, 특히 생명에 시작과 끝이 있다는 것을 각인시켜주는 현상이다. 그러나 이 모든 전변轉變은 보이거나 느낄 수 있는 광경의 미려함 또는 장려함으로 하여 하나의 조화 속에 거두어 드려진다.

시의 다음 부분은 이렇게 눈에 보이고 느낄 수 있는 광경에 대조하여 관조자觀照者 자신의 상황을 살피는 것이 된다. 화자는 앞부분의 시간의 종말에 대한 관찰에 이어 자신이 "숨겨 가는 한 마리의 靑春"임을 깨닫는다.

> 내 속에서도 마침내 숨겨가는 한 마리의 靑春.
> 에메랄드의 六角柱, 툰드라地帶에 귀양 온 후
> 오오로라만을 더불어 酬酌하다 化石된 베고니아.
> 시간의 한 이랑마다 뿌려온 로꼬꼬의 몸부림.

화자는 청춘을 잃어가는 자신을—화려하다는 뜻 이외는 의미가 분명치 않은—"에메랄드 六角柱"에 비교하기도 하고 툰드라 지방으로 유배되어 화석이 된 열대 식물 베고니아에 비교하기도 한다. 이 베고니아는 자신의 처지를 바르게 파악하지도 않고 오로라와 같은 화려한 현상과만 거래하였다. 시인은 다시 자신의 삶을 "時間의 밭이랑마다 뿌려온 로꼬꼬의 몸부림"이라고 한다. 즉 지나가는 시간 속에서, 지나치게 화려한 장식만을 추구해 온 것이다. 그것은 물론 삶의 시련에 대한 저항이었다. 어떻든지 간에, 지나치게 화려한 것만을 추구해왔던 것이 화자 자신이라는 생각에 반성이 들어 있는 것은 분명하다.

그러나 그 무상無常함과 모호한 의미에도 불구하고, 죽음이나 지구나 태양의 움직임에 비하여 하찮은 로코코의 삶을 찬양하는 것으로 시의 이 부분은 끝난다.

> 時間의 밭이랑마다 뿌려 온 로꼬꼬의 몸부림.
>
> 거기에 따르는 것은 記憶의 不死身.
>
> 더러는 天使. 더러는 陰鬼. 이제 서로 안고
>
> 亂舞하며 노래하라. 알뜰한 오늘의 訣別을.

화자는 자신의 과거가 천사와 음귀가 섞인 모호한 내용의 것으로 말하면서도, 춤추며 노래하며, 그러한 청춘이 끝나는 것을 기리라고 한다.

샛길에 드는 것이지만, 위에 나온 "에메랄드의 육각주"와 관련하여 조금 더 복잡한 해석을 잠깐 시도해본다. 여기의 "에메랄드의 육각주"는 이집트의 옛 장식물일 수도 있다. 유명한 고대 이집트의 유물 하나가 이것이라고 한다. 그것은 주인이 사라지고, 장식만 남은 기념물이다. 물론 성찬경 시인이 이집트 유물을 의미했다는 증거는 없다. 그러나 그가 음악을 좋아하고 화집과 같은 것으로 그림과 미술품에 익숙했다는 것은 그의 작품들에서 쉽게 추측할 수 있다. 2006년에 출간된 <거리가 우주를 장난감으로 만든다>에 실린 "밀화 속 곤충"은 "목숨은 사라져서 남은 흔적"이 된, 호박琥珀 속의 곤충의 아름다움을 찬양한 것이다. 우연한 연상일 수도 있지만, 이 시는 릴케의 "풍뎅이 보석 Der Kaeferstein"을 연상하게 한다. 이 보석의 시도 시간을 초월하여 보존된 생명의 흔적을 찬양한 것이다. 서양의 고전적인 작품들은 많이 읽은 성 시인이 젊었을 때부터 릴케를 읽었다가, 그것이 시상詩想의 촉발제가 되었을 수도 있다. 어떻든 긍정과 부정의 양의兩意를 가지면서도, 에메랄드의 육각주가 허무한 삶의 유물로서 이야기된 것은 틀림이 없다. 그리고 밀화나 풍뎅이 보석을 두고 삶의 시간의 무상함이 남긴 아름다움의 자취를 생각한 것도 상통하는 것이라고 할 수 있다. 물론 이것은 여기의 <火刑遁走曲>보다는 <밀화 속 곤충>에 해당되지만, 여기의 삶과 죽음의 모순 변증법에도 그러한 사념思念이 들어 있는 것은 확실하다. 이것은 성 시인의 시를 관류하고 있는 주제의 하나이다.

다시 "火刑遁走曲"으로 돌아가서, 앞의 인용 끝에 나오는, 오늘의 삶과의 결별을 기리는 것도 의미가 있다는 깨달음은 산정에서 보았던 풍경을 완전히 바꾸어 놓는다. 다음 연은 이 달라진 풍경을 이야기한다.

포근한 흙 방석. 늙은 솔을 어루만지며

바위와 바위 사이, 쪼그리고 앉은 나의

육신은 티끌의 一點. 太古의 김 서리는

이 환경이 먼 전생의 어느 마을처럼

정답고 흡족하다. 이곳에서 스스로 짜는 나의 靑春의

壽衣. 이 바깥 波動의 洪水는 광막한 내 안길

폐허에 켜진 색동 초롱불의 그림자다.

  시인은 그의 육신이 공간적으로나 시간적으로나 하나의 점에 불과하다는 것, 동시에 그것이 시공간의 환경 속에 있다는 것을 깨닫고, 그 사실에서 포근함을 느낀다. 그리고 그러한 환경 속에서 자신의 종말을, 하나의 의미로 짜는 것이 중요하다고 한다. 그는 스스로 자신의 수의를 만든다. 죽음의 의식儀式을 준비하는 것이다. 밖에서 파동 하는 것—시간의 크고 작은 움직임 그리고 생명의 비등沸騰을 느낀다는 것은 마음속에 깨우침의 등불이, 작게나마, 켜지게 되었다는 것을 말한다. 이에 대하여 시인의 내면—"내 안길"은 그때까지 폐허 상태에 있었다. 거기에 이제 작은 등불이라도 켤 수 있게 되었다. 중요한 것은, 마음속의 깨우침이 핵심이고 외부의 사건은 그것을 반영하는 그림자라는 생각이다.
  시의 다음 단위에서 이러한 의식화儀式化를 통한 의식화意識化는 보다 철학적인 해석을 통하여 더욱 확실한 것이 된다.

奇蹟이란 靈魂을 스친 現象을 이름.

보다 깊은 스스로의 품 안에 와락 안길 때

육신은 덧없이 여리기만 한 것.

무서운 法悅이 독한 술처럼 四肢를 때리면

놀랜 가슴을 빨고 자라는 죽음은 영글어만 가고.

허나 이토록 고운 결을 타는 것이라면

몇 번 있을 죽음의 언덕이 오히려 소원이다.

여기의 핵심은 "奇蹟이란 靈魂을 스친 現象을 이름"이라는 명제이다.(이것이 추상적인 명제라는 것은 글의 "이름"이라는 명사형[名詞形] 표현에 이미 시사되어 있다.) 현상은 시간 속의 사건이다. 그것이 사람의 내면의 영혼에 와 닿을 때, 기적이 일어난다. 영혼은 연약한 육체 안에 존재한다. 그러나 "무서운 法悅"이 육체를 때릴 때 기적이 일어난다. 그와 동시에 죽음이 커진다. 그것은 삶을 격렬하게 살았기 때문일 것이다. 시인은 그러한 죽음은 몇 번이고 환영할 수 있다고 말한다.

이러한 요지에 더하여 시의 복합적인 의미는 표현 하나하나에 주의함으로써 더욱 섬세하게 드러난다. "이러한 고운 결을 타는 것"은 무엇을 말하는가? "고운 결"은 자신의 육체의 느낌을 말하는 것일 것이다. "탄다"는 말의 의미는 애매하다. "타고"는, 승차乘車하듯이 타고 언덕으로―죽음으로 가는 언덕으로 간다는 뜻일 수 있다.(이것은 시의 서두에 이야기된 산 오름에 연결된다. 등산은 힘 드는 일이다. 그 어려움은 삶의 어려움이면서 동시에 죽음에 이르는 길의 어려움이다.) "탄다"는, 또 달리 읽으면, 받는다, 수여授與된다의 뜻이 될 수 있다. "고운 결"이 표현하는바, 육신이 곱다는 것은 죽음을 예감할 때 특히 강하게 느낄 수 있다는 것이 여기에 암시되어 있다. 앞에서 "깊은 스스로의 품 안에 와락 안길 때/ 육신은 덧없이 여리기만 한 것"―여기에 이야기된 육신은 "여리다"고 되어 있는데, 이것은 "곱다"는 것과 별 차이가 없는 표현이다. 육신이 영혼에 안긴다는 것은 "보다 깊은 스스로의 품," 즉 의식 속에 들어가는 것을 말한다. 의식 속에 들어갈 때, 즉 의식될 때, 육신은 스스로가 "여리다"는 것을 안다. 영혼의 세계에 비하여 또는 그 추상적인 명제의 강건함에 비하여 육신은 약하다고 할 수밖에 없다.

또 여기의 대조는 추상과 구체적 체험의 대조일 뿐만 아니라, 항구적인 추상과 무상無常한 생명의 대조이기도 하다. 그리하여 여리다는 것은 피부가 부드러운 것을 말하고 또 생명을 침범하는 것들―그 중에도 죽음에 대하여 약하다는 것을 말한다. 그러나 이 여림, 고음―부드러움과 약함이야말로 생명의 표지라고 할 수 있다. 생명의 의식화, 그것에 대한 자각은 하나의 법열法悅이 되는 데, 그것은 사지, 즉 육신을 때리는 법열이다. 그리하여 위의 인용은 죽음을 환영한다는 말로서 끝나게 된다. 삶의 어려운 언덕을 오르는 것은 죽음의 언덕을 오르는 것이면서 동시에 삶의 부드러움을 새삼스럽게 확인하는 것이다.

  그런데 이것을 확인하는 것은 의식 속에 일어나는 기적이다. 기적은 육체를 의식하게 하면서 그것을 넘어 가는, 영혼의 무시간성無時間性에 이르는 일이다. 그리하여 이 깨달음은 헐벗은 사당祠堂에 작은 심지를 밝히는 일이라고 시인은 말한다.

> 헐벗은 祠堂에서 흔들리는 한오라기 심지를 위해서
>
> 아름답디 아름다운 이 絶對의 假定을 위해서
>
> 질긴 意志의 아가리로 굴욕을 꿀물처럼 들이켜며
>
> 깨진 피리 소리로 쉬지 않고 숨쉬어 왔음은
>
> 벅찬 일이었다. 최후의 <威嚴>을 이 <虛無>의
>
> 光輝를 위해서 蕩兒의 솜씨로 마구 승화시킨
>
> 眞珠의 祭物을 아깝다 여기지 말라.

  앞에서, 현상이 영혼을 스치게 되는 것, 삶의 내용을 의식화하는 것, 그것을 마음에 새기는 것, 이러한 것이 기적이라고 하였지만, 그리고 이 기적은 영원한 진리— 절대에 이르는 방법이라는 것을 시사하였지만, 참으로 그런가. 이것이 확실한 것은 아니라고, 위의 시련詩聯은 말한다. 그것은 "絶對의 假定"이다. 즉 절대를 가정하는 것이다. 이 가정에 따르면, 영혼은 절대를 보장한다. 그것은 현상을 초월적인 차원으로 끌어 올린다. 그러나 이 초월은 주어진 진리라기보다는 "의지"가 주장하는 것이다. 그것은 굴욕을 참으면서 이루어지는 것이다. 여기서 굴욕을 참는다는 것은, 삶을 유지하기 위하여 하는 여러 일을 말하는 것이다. 이것은, 구체적인 묘사를 보면, 살기 위해서 음식을 취하는 것을 가리킨다고 할 수 있다. 그리고 이것은 (아마 시인 자신의 개인적인 경험에서 나온 것일 것 같은데), 병실에서 환자가 억지로 급식 되는 것을 말하는 것으로 생각할 수도 있다. 그다음 묘사—깨진 피리로 숨 쉰다는 묘사는, 환자의 목이나 숨통에 꽂은 파이프로 영양제를 투입하는 병실의 광경을 상상하게 한다. 또는 달리 "깨진 피리"는 호흡기를 말하고 거친 환자의 숨소리를 지시하는 것일 수도 있다. 어쨌든 함축된 것은 병으로 숨이 고르지 않게 된 환자가 수모스러운 치료를 견디고 있는 광경일 것이다. 환자는 생명의 보존을 위하여 그러한 수모를 견딘다. 그것은 생명을 절대적인 의미가 있는 것으로 생각하기 때문이다. 그리하여 생명은—의지로 버티어서 유지된다. 그리하여 광휘 光輝를 얻는다. 그러나 생명의 다른 면은 그 허무함이다. 그 관점에서는 생명이 광휘를 얻는다면, 그것은 허무의 광휘이다. 절대의 가정은 삶의 허무를 알면서 그것을 긍정하는 것—광휘 속에 있는 것으로 주장하는 것이다. 이 광휘의 대가는 복잡한 모순을 받아드리는 것이다. 처음에 "위엄"으로써 "최후"를 삼는 것은 생명의 위엄을 내세우면서, 생명이 참으로 광휘 속에 있다는 것을 주장하려고 하는 것이다. 그러나 결국 그것은 헛된 자만임이 드러난다. 그러면 위엄이 아니라 겸허는 어떠한가?(겸허는 시에 이야기되어 있지 않지만) 그런데 겸허는 하나의 정신적 가치일 수 있다. 그리하여 그것을 "진주의 제물"로 생명의 제단에— 허무하면서도 광휘를 갖는 생명에 받칠 수 있다. 이 복잡한 논리는 겸허함의 덕성으로—겸허도 하나의 덕성이고 그러니만큼 영혼의 가치일 수 있으므로, 절대적인 가치로 높여질 수 있고, 그리하여 허무라는 사실에 다시 광휘를 부여할 수 있다. 이것은 마치 루카 복음에 나오는 탕아가 자기를 낮춤으로서 아버지의 품에 안기게 되는 것과 같은 일이다. 생명의 가치의 높음과 낮음을 이러한 논리로 정립하는 것은 정신적 중심을 수호하는 것이다. 말하자면, 전통적으로 "극기복례克己復禮와 같은, 자기를 이기는 것이 예의가 된다는 가르침과 같다. 그것은 자기를 낮춤으로써 높이는 일이다. 이러한 모순의 종합 속에서, 광휘나 예의가 살아난다. 그리하여 그것은 정신을 제사하는 사당에 불을 켜는 일이 된다.

 여기의 주장을 시인의 입장에서 다시 요약하건대, 시인의 영혼은 세계의 현상에 부딪혀서 시적인 진실—기적을 얻지만, 그것은 의지로 이루어지는 것이고 허무에서 광휘를 얻는 것이다. 그것이 삶의 의미이다. 그러나 이 삶의 시간 속에 얻는 광휘는 참으로 허무 그것이기도 하다. 다음 연의 주장은 완전히 냉소적이거나 허무주의적이다. 허무 속에 광휘를 얻고자 하는 영혼의 추구는 사실 육체적 본능의 심부름을 하는 일에 불과할 수 있다. "매몰된 古蹟을 기는 지렁이의 목청으로/ 本能이 껄껄 웃음을 터뜨린다." 이것이 영혼의 추구로 착각되는 것이다. 그다음은 참으로 의학에서 나오는—또는 일반적으로 과학적 배경이 없는 사람에게는 생각될 수 없는 비유가 여기에 대한 설명이 된다. "신묘한 꾀로 죽음과 삶을 번갈아 사냥하는/ 이 사나운 白血球가 스스로의 作業을 記念한다." 영혼의 추구는 백혈구가 폐결핵과 투쟁을 벌이는 것에 유사하다. 백혈구는 처음에 죽음을 사냥한다. 그다음에는 삶을—신체의 생명을 공격한다. 백혈구가 불어나는 것은 긍정적인 것 같지만, 침입해온 세균—어쩌면, 결핵균으로 하여 생기는 부대附帶 현상이다. 영혼의 자기주장은 이에 비슷하다. 허무가 영혼으로 하여금 스스로를 강하게 주장하게 한다. 그리고 스스로의 작업—삶의 작업이면서 죽음의 작업인 스스로의 작업을 기념한다. 그것은 생명을 손상하는 결과를 가져온다. 기념한다는 것 자체가 삶이 그 유연성을 버리고 경직되었다는 것을 말한다. 영혼의 작업—특히 영혼의 한 표현인, 어쩌면, 그 퇴화한 표현인, 지성의 작업은 그러한 것이다.

> 知性이여. 믿을 수밖에 없었던 레이더. 정말은
>
> 처음부터 날름거리는 본능 혀의 충실한 앞잡이.
>
> 그래서 지금은 서늘히 우거진 아름드리 罪의 나무.
>
> 그래서 지금은 가지마다 늘어져 미풍만 일면
>
> 댕그렁거리는 가지가지 業苦의 七色 돌 열매.

濾過된 과거의 얼없는 結晶. 이것이야 말로

한 천치가 굽이흐른 세월을 누려온 증거.

피할 길이 없었다. 저주하며 기울인 정성이었다.

이마에 얹힌 金冠에게 목 운동을 빼앗긴 帝王처럼

내 자유도 이젠 멍든 관절을 펴 볼 날이 없다.

   영혼의 한 표현이며, 위에 말한 바와 같이 그 퇴화일 수 있는 "知性"—사물을 투시透視하는 듯한 레이더인 지성도 "본능의 앞잡이"라고 할 수 있다. 그러면서 그것은 그것 너머 독자적인 업적을 이루어 낸다. 그러면서 그것은 "罪의 나무"이다. 죄란 아마 본능과 육체의 참모습을 어긴 때문일 것이다. 그리하여, 그 나무에 열리는 것은 "業苦의 七色 돌 열매," 과거의 전부가 아니라 일부를 골라 만든 "얼없는 結晶"이다. 그것은 시간 속의 삶의 증거이고 "저주하며 기울인 정성"의 결과—삶의 모순된 조건의 결과이다. 그 결과의 하나는 편협함과 경직성이다. 비유적으로 말하여, 죽음의 미화는 "金冠에게 목 운동을 빼앗긴 帝王처럼" 관절을 뜻대로 움직이는 자유를 상실하는 일이다. 지적인 노력으로 삶의 진실을 보유하려는 것은 불가피한 것이면서도 이 같은 문제점을 갖는다.(그러나 시인은 영혼, 즉, "얼"을 지적인 경직성을 초월하여 현재적인 현상에서 움직이는 정신의 표현으로 생각하는 것이 아닌가 한다.)

다음 연은 다시 한번 지적 작업의 허망함을 확인한다. 그것은 "어지러운 *法悅*"이면서, "철없는 *傲慢*"이고, 세상을 색유리로 비추어 아름답게 보이게 한다고 하여도, 그것의 사실성에 대한 보장은 없다. 지성을 몇 배 강화하여도 결과는 마찬가지이다. 지적인 노력이 잠깐 그럴싸하다면, 그것은 존재가 비어있기 때문이다. 존재가 비어있다는 것은 그러한 지적인 작업이 존재에 이르지 못한다는 말일 수도 있고, 존재는 원래 비어 있는 것이어서, 인간이 수의隨意로 만들어낸 개념을 수용한다는 말일 수도 있다.

> 푸른 *腦室*이 아무리 희한한 거짓말을
>
> 마구 쏟아대도 그것이 그대로 들어맞을 만큼
>
> <*存在*>의 수면은 가없이 비어 있거늘.

다시 말하여, 지적 작업—그것도 사실은 신체의 일부 뇌실腦室이 행하는 작업인 지적 작업은 존재의 공허함을 말할 뿐이지 필연을 말하는 것은 아니다. 여기의 "<*存在*>의 수면"은 처음에 나왔던 "뒤집혀 *沸騰*하는" 바다에 대조된다. 이것은 잠들어 있는 상태, 수면睡眠, 생명의 비등 이전의 존재 상태, 그 비어버린 상태로 돌아간 상태를 말하는 것일 것이다. 그러면서 그것은 완전한 무無가 아닐 것이다. 개념화가 가능하다는 것도 존재의 가능성이다. 이 점에서 "수면"은 물의 표면, 수면水面—비등에 비하여 잠들어 있는 듯한 수면

을 연상케 할 수도 있을 것이다.[1]

지적 작업에 대한 부정 또는 회의와 자기반성 다음에 시는 다시 긍정으로 돌아간다. 긍정은 영혼과 현상이 하나가 될 가능성을 말한다. 그 결과로 이루어지는 것이 시이다. 아마 시는 지성이 아니라 영혼의 작업이고, 육체로서의 인간의 전체를 떠나는 것도 아니기 때문에 그렇게 말하여지는 것일 것이다. 그것은 "삶을 품은 둥근 슬기"의 작업이다. 그러나 그 슬기의 과학적, 사실적 근거는 인정할 수 없다. 따라서 일단의 긍정도 양의적兩意的이다. 그것은 유보를 보이고 그런 다음 다시 더 적극적인 긍정으로 나아간다. 영혼과 현상이 하나가 되고, 삶의 둥근 슬기가 생기는 것은 모호한 신화적인 성격을 갖는다. 옛이야기를 들려주는 할머니, 과거의 기억으로써 미래를 예측할 수 있다고 믿는, 신화를 말하는 "눈먼 점쟁이," 방랑하는 시인들, 이들이 하는 일이 그럴싸한 이야기—그럴싸하면서도, 필연적인 사실성을 갖지 않는 신화를 만드는 일이다. 그것은 다분히 무의식 속에 잠들어 있는 것을 깨우는 일이기도 하다. 무의식을 깨어나게 하고 신화적인 서사敍事를 만드는 것이 시인이 하는 일이다. 이러한 신화 그리고 방랑 시인의 무의식은 다시 빛나는 것으로 깨어나야 한다. 이 시의 시인이 하고자 하는 것도 그것이다.

---

1 필자는 이것을 원래 수면(水面)으로 읽었는데, 이것이 시인의 수정 원고에서 수면(睡眠)이라는 것을 성시인의 미망인 이명환 여사의 지적으로 알게 된 것이다. 앞의 다른 것들도 교정을 받은 바 있다.

> … 放浪하는 詩人이여.
>
> 뭇 사람의 가슴 속에 너는 잠든다. 내 속에도,
>
> 이젠 깨어 다오. 번개처럼. 너의 미쁜 모습을 보여 다오.

이렇게 끝난 연을 이어 다음 연에서 대 긍정이 시작된다. 물론 거기에도 모순 의식이 들어있다.

> 그리고 노래할시고. 점지받은 구실일진댄
>
> 고요 속을 헤엄치는 우윳빛 구슬의 가락으로.
>
> 풀섶을 구르는 이슬처럼 맑은 諦念을.
>
> 放射線元素처럼 달아오를 榮光을.
>
> 이승에서는 가실 나위도 없는 상처를 지닌
>
> 마음의 고을 고을 찾아다니며
>
> 香油처럼 스밀시고.

시인은 절대적인 진리가 불확실한 가운데에서 시인대로의 시적인 진리를 이야기할 수 있다. 위의 시행들은 이렇게 모순 속에서 시인의 소명을 재확인한다. 그러면서 그것은 체념에 기초한다고 말한다. 그리고 주의할 것은 시를 긍정함에 있어서도, 감각적 물질적 또는 과학적 비유를 버리지 않는다는 점이다. 시인의 시는 "우윳빛 구슬"과 같다고 한다. 그것은 체념에 연결되어 있다. 체념은 아마 자기주장을 버리고 객관성을 얻으려는 노력에 전제되는 것일 것이다. 시인의 시적 노력은 "영광"을 가져온다. 마치 "방사선 원소"와 같은. 이 시가 쓰일 때는 아마 원자핵의 폭발에서 나오는 방사선의 위험이 널리 이야기되기 전일 것이다. 시인의 "점지받은 구실"—소명은 체념과 영광을 우윳빛 구슬의 가락으로 시의 체념과 영광을 방방곡곡에 퍼지게 하는 것이다. 그리하여 사람들의 삶의 상처를 시의 향유香油로써 치유하는 것이다.

위의 연 다음에 시는 마지막 부분에 들어간다. 시가 해가 지는 것을 언급하는 것으로 시작하였는데, 이제 태양이 "入滅"한다. 그러면서 그 "미소는 내 속에/ 전능의 鼓膜을 친다"고 한다. 미소가 고막을 친다는 것은 그것이 공감을 일으켜 소리를 울리게 한다는 것인데, "전능의 고막"이란 태양이 시인의 감각을 압도한다는 말이겠지만, 그 능력—전능이라고 한 능력을 자신의 귀에 옮긴 것은, 마음과 현상의 일치를 말하려는 것으로 해석할 수 있을 것이다. 이러한 일치는 다음 구절—"두려워 말아. 혈관에 스미는/ 광선의 抽象群이 피의 말로 새겨져 흐른다"에서 최종적으로 확인된다. 서두에서 말한 것은 영혼과 현상의 합일이었는데, 여기에서는 태양이라는 현상과 육체라는 현상이 하나가 된 것을 말한다. 태양은 조금 더 강력한 현상이고 영혼을 대신하는 것으로 볼 수 있다. "抽象群"은 추상적인 아이디어들을 말하는 것일 것이고 추상군이라는 특이한 조어는 개념적 현실 인식에는 하나의 개념 또는 이념이 아니라 다수의 개념과 이념이 작용한다는 것을 말하려는 것이라 할 수 있다. 이 추상군은 사실 '지성'이 만들어내는 것일 것이다. 그러나 여기에서 태양은 ―자연의 힘 또는 그것을 추상화하는 힘은 메마른 지성을 대신한다고 할 수 있다. 다만 모든 것을 밝히는 태양은 영혼과 지성처럼 아이디어를 만들면서 동시에 사람의 육체에 작용한다. 태양 아래서 자연과 삶의 모든 것은 정신적인 것으로 승화된다. 그러나 동시에 그러한 태양은 입멸入滅한다. 그러면 어떻게 할 것인가. 태양의 입멸은, 앞에서도 시사한 바와 같이, 시인의 역할을 강화한다. 시인의 소명은, 태양의 기억을 염주로 지니고 태양이 없는 때에 그에 대한 서사敍事를 유지하는 것이다. 그리고 새로운 창조의 가능성을 상기시키는 일이다. 태양의 빛의 일체적 작용과 그 입멸 후의 세계를 합쳐서 말하는 구절은 다음과 같다.

"바람과 바위와 나비와 꽃과

바다와 별과 뼈의 조각을

두루 둥글게 꿴 예쁜 염주를

가슴에 걸고 달리는 맨발벗은 이.

끝으로 스스로 아로새기라.

멸망에 가까이 선 때문에

진실로 고귀해 가기만 하는

그대들 종족의 숙명을."

벌의 武器처럼 예리한 無의 一點에 머물러

반짝 황홀한 심벌을 때리고 태양은 없다.

이것이었다. 질풍처럼 뒤집힌 무대의 무대.

  이미 말한 바와 같이, 태양은 온 세계를 비추고 바람과 바위와 나비와 꽃—모든 자연의 근본이지만, 그것도 질 수밖에 없다. 시인은 자연의 많은 것을 그리고 사람의 뼈를 하나로 꿰어 경건함을 위한 염주를 만들고, 모든 것이 시간의 흐름 속에서 흘러간다는 것을 알게 한다. 이 흘러감 속에서라도 숙명—시작과 끝의 숙명이 있다는 것을 아는 것도 태양이 말하여 주는 것이다. 그것을 말하는 것이 태양의 입몰이다. 사람은 무, 허무 또는 광대무변한 우주 가운데 한 점에 불과하다. 사람이 머무는 곳—지구도 그러한 한 점에 불과하다. 그러나 그 한 점을 날카롭게 할 수는 없는가? 그리하여 벌이 침을 놓듯이 점—인간이 머무는 시간과 공간의 점을 날카롭게 하고 시공간을 찌를 수는 없는가? 그런 경우. 그 점은 벌침처럼 작아도, 심벌처럼 요란한 소리, 황홀한 소리를 낸다. 또는 문맥을 달리 연결해 보면, 태양이 한 일도 이 한 점에 머물러 그 점을 날카롭게 하고 심벌처럼 우렁찬 소리를 내게 한 것이라 할 수 있다. 순간의 황홀함을 갖는 것, 그것이 삶의 광휘를 아는 것이다. 이것이 태양이 말하여

주는 교훈이라면 교훈이다. 그런 다음 태양과는 다른 질풍이 몰아오고 무대가 뒤집힌다. 질풍은 정리되지 아니한 생명의 에너지라고 할 수 있다. 무대가 뒤집힌다는 것은 의식화된 삶 또는 연극화된 삶이 끝난다는 것이다. 사람의 삶을 아름답게 하는 것은 무대를 잘 꾸미는 것과 같다. 또는 인간의 인식 능력이 선택적으로 그리고 일관된 것으로 보여주는 세계가 하나의 무대일 수 있다. 이것은 엄격하게 보면 사람이 꾸미는 세계가 허구라는 말이다. 이 허구는 몇 겹의 허구이다. 역사, 문화 전통, 또는 우주 이러한 것들에 대한 일정한 이론을 바탕으로 하여, 부분적인 현상에 대한 일정한 그림이, 마치 전체의 그림인 양, 그려진다. 그런데 "무대의 무대"는 무엇인가? 무대가 무너지면, 본래의 상태—무대 이전의 상태로 돌아가는 것이 아닐까? 그러나 원초적인 혼란 그것도 하나의 무대에 불과하다. 정리된 무대나 질풍 속에서 무너지는 무대나 세계는 "무대의 무대"이다. 그것은 어느 쪽이나 "사물 자체(Ding an sich)"는 아니다.

그런데 이렇게 읽으면서 더 주목할 것은, 시간의 흐름이 느끼게 하는 시간의 시작—또는 이 시점에서는 태양이 지고 있기 때문에, 시간의 종말을 말하는 화자는 시인이 아니라 "종족"에 해당한다는 사실이다. 모든 것은 개인을 넘어 민족이나 인류 전체 해당하는 사건이다. 시인은 자신의 개인적인 이야기를 하는 것이 아니라 모든 인간을 위해서 이야기한다.

....

끝으로 스스로 아로새기라.

멸망에 가까이 선 때문에

진실로 고귀해 가기만 하는

그대들 종족의 숙명을.

  위의 시행들에서, 되풀이하건대, "종족"은 민족이나 사회 전체 또는 인류 전체를 말하는 것일 것이다. 그런데 앞에서 대체로는 개인적 체험을 이야기하였을 뿐인데, 그것이 어떻게 집단의 이야기로 옮겨 가는가? 전이轉移의 논리는 분명치 않다. 그러나 대체로 개인적 체험으로부터 추리된 공감적 인식이 이러한 전이를 가능하게 한다고 해야 하지 않을까. 그런데 이야기되어 있는 것은 "종족의 숙명"이다. 여기의 "숙명"은 종족이 종말에 왔다는 것을 말하는 것일 것이다. 이 말 앞에서. 종족은 "멸망에 가까이 선" 것으로 말하여 진 바 있다. 그런데 왜 멸망하는가? "진실로 고귀해 가기만"한다는 것은 바로 멸망의 원인을 말하는 것으로 읽을 수 있다. 앞에서, 시인의 자유가 관절을 제대로 펼 수가 없는 데, 그것은 "이마에 얹힌 金冠에게 목운동을 빼앗긴 帝王"의 경우에 비슷하다는 말이 있었다. "고귀해 가기만"한다는 것은 이러한 제왕의 경우처럼, 외면적 장식 때문에 경직되어 가는 상태를 말하는 것으로 읽을 수 있다. 즉 사회의 많은 것이 외면적 사치, 자랑, 지위 추구, 경직된 이념, 이러한 것들로 멸망해 간다는 뜻일 수 있다는 말이다. 중요한 것은 육체를 포함한 전인적인 인간 이상을 회복하는 것이다. 앞에서 언급한 Schoene

Seele, 아름다운 영혼이 나타내는 것이 그러한 전인적 이상이다.

   시의 마지막 부분은 다시 태양이 지고 난 다음의 암흑의 세계를 이야기한다. 이것은 성찬경 선생 당대의 사회를 비유적으로 기술한 것일 것이다. 그러면서 그것을 어떻게 극복할 수 있는가를 암시함으로써 시가 끝난다.(물론 할 수 있는 것은, 특히 시인 또는 개인의 입장에서, 할 수 있는 것은 극히 작을 수밖에 없다.)

> 하늘에선 벌서 별이 分裂을 시작하고
>
> 무덤의 都心에선 도깨비가 불을 켜며 말을 몬다.
>
> 骨片이 튄다. 정답답시고 망령들이 눈웃음친다.
>
> 될 말이냐. 무섭고 우람스런 흉물들. 저 下界만이
>
> 나의 남은 토막을 마저 연소시킬 도가니.
>
> 나는 다시 한번 비틀비틀 일어선다. 이때에 나의
>
> 의지는 悲鳴을 울리고 宿命은 逆轉한다.

   어둠이 내림에 따라, 별들이 분열한다는 것은 별이 불꽃 터지듯 떠오른다는 말이겠지만, 우주의 끝에서 일어나는 별들의 생성 소멸을 언급하는 것일 수도 있다. 성쇠盛衰는 인간사—집단적 개인적 인간사일 뿐만 아니라 우주적인 현상이다. 보다 가까이는 종말의 증후로서 도깨비, 망령, "우람스런 흉물들"이, "무덤"이 된 "都心"에서성인다. 염상섭의 <萬歲前>의 원제목은 "墓地"였다. 그에게 일제 日帝하의 온 나라가 묘지로 보였던 것이다. 여기의 발상도 비슷하다고 할 수 있다. 시인은 이러한 밤의 시간, 어둠의 시간에 대하여 두 가지를 대비한다고 말한다. 하나는 "下界"가 자신의 "남은 토막"을 연소시켜주리라는 것을 받아드리는 것이다. 그런 다음에, 갑자기 시인은 일어설 의지를 확인한다. "나는 다시 한번 비틀비틀 일어선다. 이때 나의/ 의지는 悲鳴을 울리고 宿命은 逆轉한다." 의지는 어려운 삶을 계속하라는 주문에 비명을 올리는 것일까? 숙명이 역전한다는 것은 종말에서 다시 시작으로 나간다는 말일 것이다. 시의 화자가 일어서는 것은 이 역전을 도모하자는 것일 것이다. 조금 약한 선언으로 들리지만, 이러한 재기再起의 선언과 더불어 "火刑遁走曲"은 끝을 맺는다.

3

위에서 독해를 시도했지만, 그것은 너무 자세한 읽기여서, "火刑遁走曲"을 이제 다시 한번 돌아보고 정리해야 할 필요가 있을 것으로 보인다.

삶과 죽음의 전체

1) 시는, 높은 산에 오르는 노력이 힘 드는 것임을 말하는 것으로

부터 시작한다. 힘들다는 것은 살기가 힘 든다는 것이고, 또 지적으로 힘들다는 것이다. 또 힘든 이유는 삶이 의식儀式의 일부이기도 하기 때문이다. 삶의 노정路程을 가는 것은 살아야 할 삶을 사는 것이고 그 살아야 함은 대체로 사회 관습으로 정립되어 있다. 말하자면 하비투스habitus에 익숙해지는 것이다. 그러나 시를 써서 이것을 말한다는 것은 이러한 문제들을 지적으로 또는 시적으로 파악하자는 것이다. 그리하여 등산은, 위에서 말한 바와 같이, 지적 노력에 대한 비유이기도 하다. 그러나 의식儀式이 이야기되어 있는 것을 보면, 이 노력이 삶의 양식화에 관계된다는 것을 시사한다. 즉 심미적 수행(aesthetic performance)이 되어야 한다. 그리고 그것은 종교적인 함의를 갖는다. 등산은 삶과 그 조건을, 이렇게 삶의 노력으로 정신의 노력으로, 전체적으로 전망한다는 뜻이다.(1연)

2) 고지高地에서의 전망은 산하를 포함하여 모든 것이 시간의 유전 속에 있다는 것을 깨닫게 한다. 그리고 개인적으로 등산인登山人의 삶—즉 시인의 삶도 그러한 시간 속에 있다는 것을 깨닫는다. 그에게 일어난 것은 적어도 청춘이 끝나간다는 사실에 대한 깨우침이다. 그리하여 절실했던 삶의 현실이 기억의 화석으로만 남아 있다는 것을 확인한다. 이것들은 서글픈 일이지만, 동시에 그것을 아는 것은 시간을 초월하는 일이기도 하다. "기억의 不死身"이라는 말도 이 모순된 사실을 나타낸다. 그리하여 그것을 의식화하는 것을 "알뜰한 오늘의 訣別"이라고 말한다. 이러한 전망은 현재의 순간을 더 절실하게 느끼게 한다. 그것은 자신이 광대한 우주에서 또 태고太古

로부터의 긴 세월 속에서 티끌의 일 점과 같은 존재임을 깨닫게 되는 일 그 일의 다른 면이다. 그러나 이 깨달음은 소외를 느끼게 하는 것이 아니라 "정답고 흡족"함을 느끼게 한다. 등산인은 청춘의 "壽衣"를 짠다. 이것은 모든 것을 미적인 또는 정신적인 의식儀式 속에 거두어 드리는 것이다. 그러면서 가장 중요한 깨달음은 삶은 존재의 잠, 그 표면 위에 "波動 치는 洪水"로서 느끼게 되는 것이다. 등산인은 이 삶 전체를 내면화한다. 등산은 세계에서 일어나는 일을 내면화하는 기연機緣이 된다.(2, 3, 4연)

영혼과 육체

3) 바깥의 세계를 내면화하는 것이 영혼이다. 영혼과 밖에서 일어나는 현상이 부딪는 데에서 기적과 같은 일이 일어난다. 그 효과의 하나가 법열이다. 법열은 도道를 깨닫는 데에서 오는 감정적인 기쁨이다. 이것은 육체를 열광하게 한다. 그리고 그것은 개인적 시간의 종말을 뜻하는 죽음도 삶의 성숙과 완성의 열매로 볼 수 있게 한다. 그리하여 화자는 죽음을 몇 번이고 환영할 수 있다고 한다.(5연)

4) 그러나 영혼과 현상의 마주침에서 일어나는 기적이 얼마나 진실로 일어나는 사건인가 그것은 확실하지 않다. 그것은 "絶對의 假定"이다. 그것이 가능한 것은 다분히 강한 의지 때문이다. 그러면서도 그 의지는 자기주장이 아니라 자기를 버리고 진실을 받아드리

는 의지이다. 그 결과는 삶이 궁극적으로 허무할 수 있다는 사실에 체념하는 것이다. 그러면서도 절대의 가정은 필요하다. 그것이 폐허가 되는 사람의 삶의 중심에 작은 불을 밝히는 일이 되기 때문이다. (6연)

5) 그러나 절대의 가정의 취약성은 끊임없이 드러나게 마련이다. 기적이나 절대의 가정은 실제로는 육체의 요구에서 나온 것이다. 그 요구는 죽음을 극복하려는 것이다. 사람 또는 사람들의 지난 세월을 되돌아볼 때, 그것이 여러 가설적인 허구를 만들어 냈다. 그리하여 그 결과 얼핏 보기에 아름다운 것들이 생겨났다. 무성한 나무, 칠색의 열매, 현실을 여과한 결정체, 금관—이러한 것들이 그 산물이다. 죽음에 대하여 삶을 확인하려는 이러한 인위적 노력은 결국 삶의 경직화를 가져온다. 또는 "다섯 色琉璃"로 온 누리를 찬미하는 것도 죽음을 넘어가는 삶 그것을 고정하려는 노력의 결과이다. 그것은 혼란스러운 법열의 원인이 될 수도 있으나, 인간적 오만의 표현에 불과하다. 그리고 허위일 수도 있다. 그것은 존재의 진실을 포용할 수 없다.(7, 8, 9연)

시적 서사—개인의 서사, 종족의 서사

6) 죽음에 이르는 병인 삶을 조금이라도 구할 수 있는 것은 할머니의 옛이야기, 눈먼 점쟁이가 뇌까리는 신화와 같은 것이다. 시인

의 소명도 그 나름의 신화를 서사敍事하는 것이다. 그리고 무의식에 잠겨 있는 소망을 건져내는 것이다. 시인의 소명召命은 삶의 모순에 체념하게 하고 다른 한편으로는 그 내부에 있는 영광을 말하는 것이다. 그렇게 하여 모순의 진실을 가설로 극복하는 것이 아니라 삶의 상처를 치유하는 것이다. 그렇다고 그것이 삶의 모순된 현실을 떠난다는 것은 아니다. 그리고 지적인 노력을 포기한다는 것도 아니다. 추상적인 개념이나 이념이 필요하다면, 그것은 태양이 비추는 자연과 삶의 전부를 포함하는 것이어야 한다. 그리고 그 추상 개념은 다원적이어야 한다. 그것은 "혈관에 스미는 광선의 抽象群이 피의 말로 새겨져 흐르"게 한 소산물이어야 한다. 즉 추상어—다수로 군집하는 추상어가 육체의 현실에 일치하는 것이라야 한다. 앞에서 말한 영혼과 현상의 일체성도 이것을 말하는 것일 것이다. 시인의 "얼"이 있는 말은 이것을 표현한다.(10, 11, 12연)

   7) 그러나 현실은 종말에 가까워졌다. 이 현실은 시인의 개인의 현실이기도 하겠지만, 시대의 종말, 문명의 종말 또는 한 가지 문명의 종말을 말하는 것이다. 유령과 망령들이 서성대는 도심—그것이 종말의 결과이다. 이제 저버린 태양에 의지할 수는 없다. 그러나 시인은 스스로 새로운 문명의 무대를 만들어야 한다는 것을 크게 소리 내여 말하여야 한다. 시인은 쓰러져 가는 몸을 일으켜, 단순히 비명을 울리는 것만으로도, 종말을—"종족의 숙명"을 역전시켜야 한다는 과제를 외쳐야 한다.

4

  이렇게 정독하고 다시 요약한 것을 요약해보면, "火刑遁走曲"은 시인 자신의 삶에 대한 하나의 조망이고, 또 시대에 대한 진단임을 알 수 있다. 시대의 진단이라는 점에서는 엘리엇의 "황무지 The Waste Land"에 유사하다. 다만 시대에 대한 언급이 많지 않아서, 이것이 총체적인 진단이라는 인상을 주지 않을 뿐이다. 그러나 이 시의 마지막 부분 도깨비, 망령, 흉물들이 출몰하는 도심의 무덤에 대한 언급에는 그러한 전체적 관찰이 압축되어 나온다고 할 수는 있다. 그리고 그러한 관찰 또는 느낌은 <火刑遁走曲>의 다른 시들에 여러 가지로 시사되어 있다. 다만 그것은 대체로 부정적인 것이면서도, 동시에 긍정을 향한 강한 의지가 표현되어 있으므로 쉽게 드러나지 않는다. 더 중요한 이유는 시가 개인적인 희망과 결심을 표현하는 것이 되어 있기 때문이다. 이 점은 우리가 성 시인의 시적 지향을 이해하는 데에는 더 중요한 사실이다. 위의 "火刑遁走曲"은 비교적 객관적인 언어와 이미지 그리고 논리적 연쇄로 구성되어 있지만, 그 아래에 스며 있는 것은 우울함과 희망의 결단을 오가는 그의 마음이다. 이 마음을 이해하는 것은 그의 시의 전체적인 흐름에 접근하는 데에 중요하다. 그리고 주목할 것은 이러한 개인적인 마음가짐이 결코 개인적 심정의 호소에 떨어지지 않고 그 철학적 형이상학적 근원을 살피고자 하는 시적 노력—그러면서 철학적 노력이 된다는 사실이다. 아래에서 이런 점들에 주목하기 위해서 몇 편의 시를 살펴보기로 한다. 말할 것도 없이 이에 더하여, 그가 가졌던 시대 전체에 대한 판단을 아는 것은 그의 시의 흐름을 아는 데 중요한 준비가 된다. "火刑遁走曲"도 그러하지만, 이 시들은 이 전체적 판단 또는 느낌을 아는 데에 도움이 될 것으로 생각한다.

"젖은 觀念"은 성 시인의 전형적 사고의 유형—부정과 긍정 사이에 교차하는 생각의 모습을 잘 드러내 주는 시이다. 난해한 부분이 많으므로, 쉽게 풀리는 부분을 언급해본다. 여기에서 볼 수 있는 것도 어두운 처지, 그것을 벗어나고자 하는 발버둥 그리고 그러한 노력의 헛됨, 그러면서 다시 확인하고자 하는 희망이다. 전체적인 상황은 비가 내리는 것으로 비유된다.

> 비가 내린다.
>
> 거미줄 끝에 대롱대롱 매달려
>
> 아무리 올라가도 끝이 없는
>
> 땅은 貧血의 엘리베이터.
>
> 겹겹으로 어른어른 부스러지는
>
> 記憶의 컴컴한 劈開面 위에
>
> 무딘 빛을 바라는 觀念의 私生兒들.
>
> 生埋葬된 늙은 짐승들.

첫줄의 비는 우울한 상태를 말하는 것일 것이다. 그리하여 그것은 비에 젖는 세계로부터 탈출을 생각하게 한다. 그리하여 빗줄기는 거미줄에 비교되고, 다시 그것은 상승을 위한 엘리베이터가 된다. 그러나 그것은 "빈혈"로 하여 생각하게 되는 상승의 가능성일 뿐이다. 시인은 이렇게 다시 그것을 절하切下하여 판단한다. 상승하려는 심리와 관련하여 보이는 것들은 깨어진 벽들과 그것이 연상하게 하는 관념의 소산들이다. 그것들은 아마 현실을 초월하는 이상을 말하는 것일 것이다. 그러나 그것들은 "관념의 사생아" 또는—다시 묘지의 이미지가 연상되면서—생매장된 늙은 짐승들이다. 그것들은 현재와 관련이 없는 그러면서도 살아 있기는 하지만, 현실적으로 정당한 근거가 없는 낡은 것들이다. 그러나 날이 습하고 어두운 만큼, 이러한 낡고 근거 없는 관념의 허구를 되살리려는 마음이 생기는 것도 불가피하다. 그리하여 무리해서라도 장미밭이 있고 등불이 있는, 수정의 궁을 향하여 뛰어가고자 하는 마음이 생긴다. 그런 경우 동굴 속일망정, 화려한 음악이 들려오기도 한다.

젖어서 꿈틀꿈틀 되살아나서

춤을 추다 지치면 돌아라 맴. 돌아라 맴.

薔薇밭 헤치고 등불 세어 나오는

水晶의 宮을 향해서

砲彈처럼 螺旋을 그리며 뛰어 들어가고저.

銀 지팽이를 휘두르며 여기저기의

　　　鐘乳石 버섯을 두드리면

　　　오오. 華麗한 가락의 숨막히는 逆流.

　"젖은 觀念"의 제2부는 음울한 비 오는 날을 역류하려는 시도의 결과를 조금 더 사실적으로 묘사한다. 젖은 도시에는 남녀의 성적 유혹, 상업 광고, 창부, 세균, 보석과 같은 것이 수족관처럼 젖은 지대에서 발견되는 것으로 이야기된다. 제3부도 비 오는 상황을 벗어나고자 하는 시도, 그러면서 퇴폐와 부패의 증후라고 할 수밖에 없는, 여러 사항을 언급하고 그 가운데에서도 그것이 보다 순수한 영혼의 갈망이기도 하다는 것을 말한다. 시작은 다음과 같다.

　　　거닐어보자. 거닐어 보자.

　　　촉각을 뽑힌 개미모양 방향없이 떠다니는

　　　썩어진 肉體. 목마른 精神.

　　　볶이고 졸아들어 아주 날아가 버리려는

　　　最後의 한 방울. 뜨거운 꿈. 純粹한 그리움.

　　　아름다운 넋.

그러나 시인은 곧 이러한 것들을 보존할 방도가 없음을 시인한다.

> 이제 난 너를 어느 그릇에 무슨 재주로 붙들어 둔담.
> 내리는 빗방울을 손바닥으로 때리면
> 선뜩 오슬오슬 身熱있는 몸에
> 전율이 스며들어 뼈가 삐걱삐걱 아프다.

시인은 네온사인의 불빛으로 인하여 어둠마저도 제대로 볼 수 없는 "二十 世紀의 어느 한구석을 迷宮처럼 헤매며 微笑를 판다"는 말로 시를 끝낸다. 여기에서 "미소를 판다"는 말은 마음속의 어둠을 감추고 미소를 표면에 내걸고 살아간다는 말로 생각된다.

"詩人과 같이 있었기에"의 상황판단은 조금 더 긍정적이다. 그러나 그것도 시대 전체에 대한 모호한 느낌을 벗어버리지는 않는다. 긍정은 이것이 성 시인에게서는 쉽게 볼 수 없는, 그러한 단순하지 않으면서도 균형이 잡혀 있는 서경敍景의 시라는 점에도 나와 있다.(이 시는 그의 친우 박희진에게 헌정하는 시이다.) 이 시는, 되풀이하건대, 부정적인 요소가 있으면서도, 분위기는 전체적으로 낙관적인 시이다.

시는, "저녁 빛을 마시고./ 둥그스럼해 가는 港口"의 차분한 묘사로 시작한다. 바다가 흙탕물임에도 불구하고, 두 우인友人의 눈은

"희미하게 아롱져 가는 섬들" 그리고 "살만 [남은] 창문처럼" 앙상해 보이는 기울어진 돛대들이 "무딘 춤"을 추는 것을 본다. 그리고 "건강을 잃은 듯 싶"던 항도가 숨을 내쉬는 것을 느끼고, 시인 자신도 마음에 숨어 있던 "虛榮"이 심호흡을 하며 스스로를 드러낸다고 한다. 그리고 "濁한 향기"를 맡는다.

그러나 이러한 애매한 항도의 인상은 쓰레기더미의 이야기로 요약된다.

> 쓰레기로 다져진 둑 위에선
>
> 먼지로 사는 거지떼들이
>
> 까만 춤을 추며 알 수 없이 지껄이곤.

그러나 이것은 다시 긍정으로 옮겨 간다. 그것도 애매한 함축을 가지고 있지만. 시인은 이 쓰레기더미에 불을 지르고, 그 불꽃들은 "어두운 港口의/ 한 空間을 神秘로 녹"였다고 한다. 그런 다음, 시는 다른 가능성을 말하는 낭만적인 전망이 된다.

> 水平線은
>
> 나의 心臟의 고동소리처럼 통통거리며
>
> 어디론지 달려가는 똑딱배의

> 빠알간 등불의 軌跡이여….

이러한 궤적을 상상하며 감탄을 표한 뒤에 이어서 생각하게 되는 것은 또 다른 바다가 있다는 것이다.

> 우리의 마음을 실은 또 하나의 바다가
> 바람과 어두움 위에 波濤 소리를 높인다.
> 저 불꽃처럼
> 純粹하게 타오르는 시인의 靈感이
> 나의 온 몸에 스며들어와서
> 나는 뭣이고 쉴새 없이 지껄였다.
>
> 그 날 밤
> 나의 곁엔 詩人이 걷고 있었다.

이렇게 시는, 그 출처가 어디이든지 간에, 영감이 마음에 스며들었다는 것으로 끝난다.

다만 위에서 이 시의 마지막 부분의 긍정에 애매함이 있다는 점에 주의 하는 것도 필요한 일이 아닌가 한다. 그것은 "지껄였다"는 표현에 나와 있고, 또 마지막 연에서, 그가 그러한 긍정적 희망을 가진 것은 그의 곁에 있는 시인으로 인한 것이었다는 말에, 그러니까 그러한 영감을 느낀 것은 우정에 관계된다는 말에 그러한 유보가 비치고 있다고 할 수 있다는 말이다. 그것이 객관적인 것은 아니었다는 것을 시사하는 것이다.

5

 위의 마지막 부분이 시인의 희망적 전망에 대하여 유보를 표현한다고 한다면, 그것은 다시 한번 성찬경 선생의 시와 사상의 한 가닥을 나타낸다고 할 수 있다. 위에서 시사하였지만, 그는 시를 사적 감정의 표현이 되게 하는 것을 원하지 않는다. 위에 거론한 몇 편의 시에서 관심의 핵심이 되는 긍정과 부정, 빛과 어둠, 밝은 세계와 어두운 세계에 대한 비전의 교차도 단순히 감정의 변화만을 말하는 것이 아니다. 특히 어두운 세계에서 어떤 밝은 순간을 가졌다면, 그것도 단순히 주관적인 기분의 결과라고만은 할 수 없다. 그러면 그것의 참 의미는 무엇인가? 성 시인의 시는 사실 이러한 문제에 대한 보다 심각한 탐구를 내장하고 있다. 사적이고 주관적인 감정이 시적 주제가 아니라는 그의 생각도 이보다 심각한 정신적 관심에서 나오는 견해라고 할 수 있다. 그는, "咀呪를 뇌는 넋두리"에서 여러 형태의 자기 탐닉적인 시를 저주한다고 말한다. 시가 "'나는' '내사…' 그 '나'/ 너만을 내세우려는 小人의 재롱"이어서는 안 된다고 한다. 또 그것은 "꿈이니 사랑이니 괴로움이니 한숨이니 눈물이니/ 하는 따위의 商標"를 붙여 놓은 "賣文業者의 수작"이어서도 안 된다고 한다.(이 시는 "무슨 派니 무슨 이즘이니"하는 "棍棒을 휘두르는 테로리스트"의 시도 안 된다고 말한다.) 그에게 시는 그 나름의 객관성을 가지고 있는 진리 또는 진실의 탐구이다. 그리하여 그의 시에는, 많은 경우, 인식론적 반성과 성찰이 들어 있다.

"情緖와 美學"은 이러한 인식론적 반성을 말하고 있는 시이다. 그것은 인간의 객관적 현상에 대한 인식이 감정에 크게 좌우된다는 사실을 비판적 주제로 한다. 그러나 그것으로써 감정에서 나오는 인식의 의미를 평가절하하지는 않는다. 다만 이 시를 말하는 것은 인식론적 반성이 그의 시적 사고의 일부라는 것을 상기하자는 것이다. 처음 두 연만을 인용해보면, 다음과 같다.

> 가슴 속에 불꽃이 타면
>
> 온 世界는
>
> 한 송이의 빠알간 따아리아로 보인다.
>
> 그리고 서슴치 않고
>
> 분홍 신과 짙은 마후라를 選擇한다.
>
>
> 質量이 에너지로 變하듯

快樂은

音響과 색깔과 香氣의 바구니 속으로

온통 溶解되어야 한다.

　위의 말들이 말하는 것처럼, 인간의 인식이 완전히 감정에 지배되는 것이라면, 그 인식은 전적으로 신뢰할 수 없는 것이라 할 것이다. 그러한 인식에 있어서, 사물 자체의 진실은 뒤틀린 것이 될 수밖에 없다. 그러나 그것을 피하기가 쉬운가, 또는 그것이 참으로 잘못된 것인가? 위의 인용에서 두 번째 연의 물리학적 비유가 시사하는 것은, 인간의 세계 인식에서 사물 자체와 그것을 벗어나는 오류가 따로 있는 것은 아니라는 사실이다. 어떤 조건하에서, 질량이 에너지로 변한다면, 그 둘 중 어느 것이 진리이고 어느 것이 오류일 것인가? 시의 뒷부분에는 "기쁨은 연못 위에 꽃을 피게 하고" 하는 구절과 "슬픔은 연못 위에 퐁당퐁당 팔매질을 하고" 하는 구절이 나온다. "꽃 피는 연못"과 팔매질할 때 보이는 연못과 어느 쪽이 연못을 바르게 인식한 것인가? 둘 다 진리가眞理價 다르지 않은 인식의 변화를 나타내고 또 인식되는 현상의 변조를 나타내는 것으로 볼 수는 없을 것인가? 위에서는 물리학적 현상에 대한 언급이 있었지만, 이러한 것을 생각해보기 위해서는 철학적 형이상학적 고찰이 필요하다. 그러나 그러한 고찰은 기분 또는 주관적 관점을 극복할 수 있을까? 시의 마지막 부분에는 형이상학적 사고도 사고자思考者

의 기분으로부터 분리될 수 없다는 것을 말한다.(그렇다고 해서, 물론, 다른 경우나 마찬가지로, 반드시 그러한 사고가 거짓이 되는 것은 아니다.)

위에 언급한 부분을 포함하여, 시의 마지막 두 연을 인용한다.

> 슬픔은 연못 위에
>
> 퐁동퐁당 팔매질을 하고
>
> 튀어든 돌이 定한 座標는
>
> 비로소 空間의 幕을
>
> 흔들어 연다.
>
>
> 딱딱한 뭇 現象은
>
> 허공에 녹아들어 바람을 좇고
>
> 눈으로 볼 수 없던
>
> 形而上學이 내려와
>
> 차디찬 기둥으로 솟는다.

연못에 돌을 던지게 하는 슬픔은 기분의 한 종류이다. 그리하여 그것은 객관적 인식의 장애물이 될 수 있다. 그러나 슬픔이 던지는 돌은 공간의 좌표를 설정하는 수단이 된다. 돌은 꽃과 같은 사물처럼 감정을 유발하지 않는다. 그리하여 사람의 감정에 대조하여, 그 객관성을 유지한다고 할 수 있다. 또 슬픔은, 격렬한 감정, 열정이나 정렬과는 달리, 특히 조용한 슬픔의 경우, 마음을 가라앉히는 작용을 한다. 가령, 동양의 시에서, 서양에서도 크게 다르지 않다고 하겠지만, 애수哀愁와 같은 가을의 마음[愁]은 가장 빈번한 시적 정서가 된다. 가을의 마음은 사색의 장을 구성에 바탕이 되는 정서이다. 위 인용에서 슬픔은 돌을 매개로 하여 공간의 막을 연다. 공간은 물론 모든 인식의 기본이 되는 직관적 전제이다. 그런데 위의 시는 이 '막이 열린다'고 한다. 그렇다는 것은 공간 자체가 절대적인 것은 아니라는 것을 말한다. 그것도 하나의 현실을 펼쳐 보기 위한 '무대'이다. 이것은 "火刑遁走曲" 마지막 부분에서, 기성의 진리들을 버리는 것을 "무대의 무대"를 뒤집는 것으로 말한 것을 상기하게 한다. 그렇기는 하나 사물을 있는 그대로 보려하는 성 시인의 관점은 모든 선입견을 괄호 속에 넣고 사물 자체를 보려고 하는 엄격한 현상학적 기율을 준수한다고 할 수 있다. 물론 그렇다고 그가 현상학을 연구하였다는 것은 아니다. 현상학에서 말하는 현상처럼, 위 시에서 시인이 말하는 현상은 시각과 감정을 혼란하게 하는 요소들을 제거하고 사물의 모습을 있는 그대로 드러낸다. 그러면서 시각적으로 또는 감각적으로는 볼 수 없는 형이상학과 그 구조를 암시한다. 그 구조가 '기둥'으로 말하여지는 것은 그것이 어떤 건조물—다분히 사원이나 성전聖殿 또는 더 일반화하여 문화를 구성하는 기둥이기 때문일 것이다. 그러나 성찬경 선생에게 이러한 형이상학적—또는 현상학적 절차가 진실로 사물 자체를 말하는 것도 아니다. 그것은 일단의 관점을 취함으로써 얻어지는 사실의 모습이다. 그 관점은 감정을 제거하여 '딱딱해진' 관점이고, 그것이 세우는 현실의 구조도 '차디찬' 기둥으로 상정된다. 그리하여 중요한 인간 현실을 이탈한다는 점을 지적할 수 있다.

그러나 이러한 유보의 불가피성을 인정한다고 하더라도 위의 시 그리고 일반적으로 성 선생의 시가 철학적 성찰의 꼼꼼함을 가지고 있는 것은 부정할 수 없다고 할 것이다. 그의 시는 이미 여러 번 말한 바와 같이, 철학적 형이상학적 탐구의 결과를 담고 있다. 그리고 그것은, 본격적 철학적 탐구에서처럼, 그 관점에서의 일관성을 가지고 있는 것으로 보인다. 이점에 대하여 잠깐 언급해보기로 한다.

위에서 현상학을 말하였지만, 사실 그의 철학적 입장은 화이트헤드Whitehead의 "과정의 철학 Process Philosophy"에 가까운 것이 아닌가 하는 생각이 든다. 화이트헤드에서처럼, 성 선생에게도 가장 중요한 것은 그때그때의 '사건'으로서의 세계이다. 이 사건으로 드러나는 세계의 모습이 시인에게 시를 쓰게 한다.(사실은 모든 시인에게 시는 다소간에 이러한 철학적 인식론을 함축한다고 할 수 있지만.) 그런데 사건은 주체적인 체험이면서 세계내의 사건이다. 그런데 이 사건이 의미를 갖는 것은 그것이 그 일부를 이루는 큰 '실재(reality)'를 보여주기 때문이다. 그런데 이 실재는 따로 존재하는 것이 아니라 그 자체가 사건―실재를 구성하는 사건이기도 하다. 이것은, 이미 시사한 바와 같이 시를 생각할 때도 말할 수 있지만, 화이트헤드에게 이 사건들이 진정으로 '사실단위(actual entities)'가 되는 데에는 보다 개념적인 요소가 끼게 된다. 이것을 화이트헤드는 '영구적 대상(eternal objects)'이라고 한다. 성찬경 선생에게도 지적 개념에 대한 관심이 있다.(이러한 관심은 시인으로서는 드문 일이라고 할 것이다.) 그것은 사람이 인지하는 대상에 개입되게 마련이다. 지성이나 영혼도 개념이면서 또 실재를 구성하는 개념의 주체이다. 그런데 인간의 체험 내용이 되고 인식의 대상이 되는 사건은 여러 다른 사건—과거, 현재 미래의 다른 사건들과의 연쇄 속에서 일어난다. 그러면서 존재론적 의미를 갖는다. 그렇다는 것은 하나의 사건은 이 연쇄 속에서 실재를 구성하는 새로운 사건이고 사실이 된다는 말이다. 다른 관점에서 말하면, 사건은 일어나는 일이고 동시에 일어날 수 있는 가능성의 드러남이다. 그리하여 그것은 실재 속에 들어 있던 가능성을 드러내는 의미를 갖는다고 할 수 있다. 화이트헤드의 철학은 신학에 근접해 가는 면을 가지고 있는데, 신은, 그의 생각에, 과거, 현재 그리고 미래의 현실과 그 가능성을 두루 포용하는 존재이고 존재의 근거이다.

그런데 여러 다른 사건 그리고 전체와의 관련해서 사건이 일어나는 계기(occasion)는 특별한 의미를 갖는 것으로 말할 수 있다. 그것은 새로운 사건만이 아니라 새로운 실재가 나타나는 계기이기 때문이다. 그리하여 화이트헤드가 사용하고 있는 용어는 아니지만, 그것은 하나의 에피파니epiphany, 현현顯現의 순간이다. 현상계에서 사건은 끊임없이 일어나는 것이겠지만, 시인의 시적 순간은 이러한 현현의 시점이라고 할 수 있다. 사건이 일정한 형태로 확정할 수 있는 경과를 화이트헤드는 "구체화concretion"라고 하고, 그 과정적이고 융합적인 성격을 강조하는 말로는, "융합적 구체화concrescence"라고 한다. 성찬경 선생이 관심을 가졌던 것은 이러한 융합적 구체화가 이루어져 에피파니가 일어나는 순간, 그 경험이 아니었던가 한다. 물론 그의 모든 시가 그 계기가 된다는 것은 아니다. 그러나 그의 시 작품 전체를 볼 때, 그러한 관심이 있었지 않나 하는 것이다.

위에 말한 것은 화이트헤드를 새로이 읽고 검증한 결과는 아니다. 그것은 성 선생의 시와 관계에서 화이트헤드 철학의 기억을 더듬으면서, 말해 본 것이다. 이번에 참고하지는 못했지만, 화이트헤드의 위에 말한 생각들은 물론 그의 형이상학 주저, <과정과 실재 Process and Reality>에 나와 있지만, 다른 저작에서도 발견할 수 있다. 그렇다고 성 선생의 시와 사상이 화이트헤드로 완전히 설명될 수 있다는 것은 아니다. 그의 시는 더 많은 해독이 필요하다. 그러나 철학적 탐구의 정신이 강한 것이 그의 시인 것은 틀림이 없고, 이 점에서 그에 대한 연구가 더 많이 있어야 하는 것도 사실이다. 그러나 그의 관심을 반드시 화이헤드적인 관점 또는 다른 종류의 '과정의 철학'에 한정하는 것도 옳지 않을 것이다. 그것은 그의 본래적인 마음의 지향에서 일어난다. 그러면서 다른 철학적 사고에 유사한 요소들을 보여준다.

철학으로 완전히 설명할 수는 없지만, 철학적 관심이 강하게 드러나고 화이트헤드적인 관점으로도 연결할 수도 있는 시 한 편을 잠깐 살펴보기로 한다. 화이트헤드의 형이상학은, 사건적인 현상이 여러 연쇄 속에 있다는 것—즉 시간적으로나 공간적으로나 하나의 사건은 다른 사건과의 복합적 연쇄 속에 있다는 것을 기본적인 테제로 가지고 있기 때문에, 여러 사람이 그것을 유기주의 철학(Philosophy of Organicism)으로 보고자 한다. 즉 개별적 사건을 우주적인 진화의 관점에서 보는 것이다. 그런 점에서 그것은 세계에 대한 생태학적 이해에도 깊은 의미를 가지고 있다고 보는 사람들이 있다. 이런 관점은 성찬경 선생의 시에서 쉽게 발견되는 것이다.

"無重力狀態"는, 화이트헤드에 연결하든 아니하든, 철학적인 시임에 틀림이 없다. 그리고 시적으로도 우리의 상상력을 자극하는 시이다. 중심에 있는 관찰은 인간의 생명 그리고 모든 생명이 우주의 태초로부터 하나이면서 동시에 독립한 존재라는 것이다. 화이트헤드와의 관계는 삶의 유기주의적 관계에 대한 인식에 있다. 그다음은 성찬경 선생이 그것으로부터 시작하여 독자적으로 도출해내는 존재론적 관찰 그리고 윤리적 교훈이다. 그런데 그에 이어서 시에서 이야기하고 있는 것은, 앞에 말한바 우주적인 관계의 확인이 인간 조건의 한계를 무시하는 것이 될 수 있고, 거기에는 위험이 따를 수 있다는 경고도 여기에 표현되어 있다.

시의 첫 시작은 철학적 또는 기하학적 상상력을 발휘하기 위해서는 일단 감각적, 물질적 세계 그러니까 일상적으로 우리가 아는 세계를 벗어나야 한다는 것을 말한다.

> 이 幾何學的 도취를 얻기 위해선
>
> 목숨을 총알처럼 발사해야 한다.
>
> 무게가 달아나서 간 곳이 없는데도
>
> 내가 存在한다는 것이 이미 魔術은 아니다.

    기하학적 추상의 세계에서 보면, 또는 이론의 눈으로 보면, 세계는 연속적 진화의 과정에서 하나라는 것을 알게 된다. 그것을 위해서는 삶의 현실을 "총알처럼" 벗어져 나가야 한다. 그렇게 하여 삶 전체에 대한 개념적 이해가 가능해진다. 삶의 무게를 떠나 존재라는 것을 순수한 상태로 파악할 수 있게 되는 것이다. 그것은 마술이 아니다. 또는 오히려 삶의 마술을 벗어나는 일이다. 이때의 탈마술脫魔術의 순수성은 기하학적 명료성을 가능하게 한다. 화이트헤드에게 "영구적 개념"의 전형은 수학, 그 중에도 수數에서 발견할 수 있는 것이었다. '기하학적 명료성'을 인간 생존 일반에 적용한다면, 그것은 득오得悟의 순간의 투명함이 될 것이다. 그러나 그러한 투명성이 가능한 것일까? 위에서 말해진 것은 다분히 유보留保를 함축하고 있는 것으로 보인다. "幾何學的 도취"라고 할 때, 기하학적 추상의 얇은 도취가 되어 완전히 깨어있는 것 같으면서도 깨어있지 않는 상태라는 것을 말한 것이 아닌가? 이러한 의심이 여기에 삽입되어 있다고 생각할 수는 있다. 그럼에도 불구하고, "幾何學的인 도취"가 일단 우주적 일체성을 깨닫게 하는 것은 사실이다. 그리하여 "暗

黑星雲"과 "개똥벌레," "꽃"과 "隕石"이 연속적 현상이라는 것을 안다. 이러한 관점에서는 꿈길의 몽상과 현실이 하나가 된다.

> 별안간 可能의 굴레를 벗은 樣態의
>
> 꿈길에서 부시시 눈을 뜨는 싱싱한 실태.

위에서 가능의 굴레는 아마 현실적으로 가능한 것을 지칭하는 것일 것이다. "싱싱한 實態"라는 것은 참모습을 말한다. 그러나 그것은 또한 꿈과 같은 상상이 보는 것이다. 꿈이 눈을 뜨게 한다.

이러한 기하학과 꿈과 현실의 변증법을 말한 다음, 시인은 기하학적 비전에 따라―현실을 떠나면서 현실의 전사前史를 보게 하는 비전에 따라, 자신의 과거를 소급해 본다. 그리하여 자신의 생리학적 근본 그리고 다시 그 너머의 근본을 밝혀 본다.

> 記憶의 바늘로 頭蓋骨의
>
> 縫合線을 꺼꾸로 드윽 긁어
>
> 母性의 密室을 거쳐 어디론가 풀어져서
>
> 다만 鼓膜없는 천둥과, 水晶體
>
> 없는 번개로 떠다니던 시절.

머리를 거꾸로 긁는다는 것은 머리에 기억된 것을 버리고 시간을 소급하는 것을 가리킨다. 그리하여 "母性의 密室"을 벗어난다. 이것은 하나는 어머니의 뱃속을 벗어난다는 것이고, 또 하나는 어머니의 양육 이전으로 돌아간다는 것이다. 잉태되고 태어나고 성장의 과정을 거치기 전에는 물론 고막도 귀도 없다. 그러나 듣지 못하고 보지 못한다고 하여 천둥과 벼락이 없었던 것은 아니다. 물론 더 근본적인 관점에서는 듣고 보는 사람이 없을 때는, 그러한 천문적 현상도 없다고 할 수 있다. 성 시인에게는 이점에 대한 의식을 보여주는 시도 였다. 어쨌든 사람은 탄생 이전, 존재하기 전의 세계로도 연결되는 존재이다. 그때의 나는 어떤 모습이었을까? 나는 천둥이나 번개에 대하여 주체-객체로 맞서는 존재가 아니라 그것과 일체가 되는 존재였을 것이다. 이것이 천둥과 "번개로 떠다니던 시절"의 뜻일 것이다. 나는 그때 별과도 일치하는 존재였을 것이다.

　　　크건 작건 있는 것이 그대로 별이다.

　　　나도 어지간한 별이다.

　　　제 각기 스스로가 너훌거리는 宇宙의 軸이다.

　　위 인용의 첫 줄은 별들은 스스로 자족적으로 존재하는--"있는" 사물이라는 뜻으로 생각된다. 그것은 보고 있는 눈과 관계없이 존재한다. 나도 전생에는 그러한 존재였다. 그리고 관찰하는 눈이 없을 때, 그것의 원근법적 변형이 없을 때, 밖에서 작용하는 인력이 없을 때, 그것은 스스로의 축이 된다.

그러나 이러한 완전 독립의 존재는 사람의 마음에 불안을 느끼게 한다. 위의 인용에 나온 관찰에도 불구하고, 인간의 심성의 반응은 둘로 갈라진다.

> 心臟은 변함없이 세련된 고동으로
>
> 낯선 負擔을 달래고 있고,
>
> 놀라움이 신나는 心靈을 다시 한번
>
> 絶世의 微笑를 빙긋이 벙으리고.

앞에서 말한 것과 같은 완전한 독자적 상태에 들어간 사물은 인간의 마음—감정의 자리라고 할 수 있는 심장을 괴롭게 한다. "세련된 고동"은 미적으로 양식화된 문화를 지칭하는 것일 것이다. 그러나 "심령"의 관점에서는, 새로 보이게 되는 객관적 세계는 "심령"을 미소하게 한다. 여기의 문맥에는 약간의 혼란이 있다. 아마 "心靈을"은 "심령은"의 오식誤植일 가능성이 크다. 그러나 여기에서는 지금 인쇄된 대로 풀어 본다. 놀라움이 심령을 미소하게 한다고 할 때의 "絶世의 微笑"는 두 가지로 해석할 수 있다. 절세의 한 의미는 '절세미인'이라는 표현에서 보는 바와 같은 '세상에 달리 비교할 수 없는'이라는 뜻이고 다른 의미는 '세상과의 관계를 끊어버린'이라는 뜻이다. 그리하여 그 미소는 세간적 관계를 단절한 존재들의 더 없이 아름다운 미소를 가리킨다.

그러나 이러한 경지에 이르는 것, 이러한 존재의 상태에 이르는 것이 용이한 일일 수는 없다. 그러면서 그것이 바른 태도인지도 문제가 된다. 다음의 구절들에서는 시인이 옹호하는 것이 심장인지 심령인지 불분명하다. 그는 세상의 중심은 생명에 있다고 한다. "錯覺과 거짓"을 말할 때도, 심장과 심령 어느 쪽의 잘못을 말하는 것인지 불분명하다.

> 아아. 언제나 어디서나 타는 목숨의
>
> 심지는 목숨, 빛도 목숨, 무늬도, 그늘도 목숨.
>
> 지나가는 나머지는 모두가 錯覺과 거짓말이다.

인간에게 모든 것은 생명과의 관계에서만 의미를 갖는다. 모든 사물 인식에서 "심지"가 되는 것은 목숨이다. 광선과 그것의 문양紋樣과 암영暗影도 생명의 원근법에서만 의미를 갖는다. 그것을 빼면, 모든 것은 착각이고 거짓이다. 또는 지나가는 것—무상無常한 것이라고 할 목숨이 강조하는 것이 거짓이라는 것일까?

> 그것이 結晶처럼 이상스런 組織을 쓰고 있다.
>
> 秩序의 돌 棺 속엔 秩序의 구리 棺이 들어 있다.

> 어른거리는 것들이 포갬포갬 들어 있다.
>
> 그 manna를 精神이 자꾸자꾸 핥는다.

"錯覺과 거짓"은 그 나름의 조직을 가지고 있다고 한다. 그리고 그것들이 만드는 "질서"는 돌로 된 관棺이라고 한다. 그러나 그 안에는 또 구리의 관이 있다. 그리고 그 안에는 다시 "빛나는 것들", "어른거리는 것들"이 포개어 들어 있다. 그리고 시인은 "그 manna를 정신이 자꾸자꾸 핥는다"고 한다.

시는 다시 처음의 말들을 거의 되풀이함으로써 끝난다.

> 이 幾何學的 도취의 甁에선,
>
> 저 푸른 땅이 먼 하늘이고,
>
> 太陽은 다만 火魔, 하늘은 地獄이다.

이미 정독하는 해석에 부쳐 다른 해석의 가능성을 여러 번 암시하였지만, 다시 한번 이 시를 일관성 있게 읽기는 쉽지 않다고 할 수밖에 없다. 여기에서는 위에 읽었던 것과는 반대되는 해석을 시도해본다. 위 결론 부분에서 "幾何學的 도취"는 앞에서도 나왔던 것이다. 이것을 해독하면서 앞에서도 "도취"는 약간 부정적인 뜻을 시사한다고 했지만—그렇다는 것은 그것이 깨어있는 상태가 아니라 허구이고 착각일 가능성이 있다는 것을 의미하기 때문이다.— 이것은 이제 "병"에 든 음료, 말하자면, 마약과 같은 것으로 생각된다. 그리고 그것은 그야말로 착각을 낳는다. 땅이 하늘이고, 하늘이 지옥, 태양火魔이다. 이러한 별들의 질서는 바른 지각에서 나오는 것이라고 할 수 없다. 물론 이것은 어느 쪽으로나 사람의 관점에서 잘못된 것이라는 말이기는 하지만. 시의 처음에 "기하학적 도취"는 별의 세계로 나가게 하는 것이었다. 그러나 여기에서는 그 천문의 질서에 도착이 일어나 있다고 할 수 있다. 이것은 정신精神이 스스로에게 자양을 줄 마나를 필요로 하기 때문에 생긴 착각이다. 마나는 관— 몇 중의 관으로부터 나온다. 그 관은 질서의 필요 때문에 만들어진 것이다. 관은 몇 중의 구조로 되어 있다. 가장 밖에 있는 관은 돌이고, 그다음은 그보다는 윤이 나는 구리이고 그다음은 "어른 거리"는 물체이다. 이 마지막의 것에는 앞에 말한 빛이 들어 있을 수 있고 그와 더불어 무늬와 그림자도 있을 수 있다. 이렇게 자세히 보면, 관은 관의 질서 이전의 어른거리고 부드러운 것을 접하는, 다른 방법이라고 할 수 있다. 인간적 욕망, 욕망의 충족, 그것을 통제하는 질서, 그리고 질서 밑에 숨은 욕망과 그 충족—이러한 역전의 역전이 여기에 들어 있는 것이다. 그런데 여기에서 문제가 되는 것은 물론 욕망이 아니라 빛의 세계이다. 그 세계는 바깥을 가리키면서, 동시에 인간이 원하는 세계이다. 빛은, 시에서 말하는 대로, 인간의 목숨과의 관계에서, 목숨의 필요에서 나오는 것이다. 성 선생은 어느 시에서 빛의 여러 색깔은 단순이 파장이 다른 광선을 사람이 서로 다른 색깔로 보는 것일 뿐이라는 말을 한 일이 있다. 시 "프리슴"에서, 그는 음향과 빛깔 그리고 향기는 주관적 지각의 현상이고, "암흑 속엔 순수한 波動뿐이다"고 쓰고 있다. 적어도 인간의 관점에서 인간이라는 중심을 떠난 사물 인식은 모두 착각이다. 그러나 이 착각도 인간의 필요에서 나온 것이다. 즉 그것은 우선 질서의 필요에서 나온 것이고 또 그것은 인간의 정신을 위한 보양식이 된다. 마치 사막을 헤매는 유대 민족에게 마나가 내려졌듯이, 착각이 필요한 것이다. 그런데 이 착각이란 우주의 질서에 대한 비전이다. 사막과 같은 삶의 조건—질서가 없는 조건에서 우주론적 자각이 필요한 것이다. 그렇다면, 시의 첫 부분에 있는 탈인간세脫人間世, 절세絶世의 깨달음은 거짓이고 잘못된 것인가? 시가 말하고 있는 것이 그것을 부정하는 것이라고 할 수는 없다. 우주론은 필요하다. 그리고 우주론적인 인간이해도 필요하다. 그러나 그것이 인간의 필요에서 나온 것이라는 것을 알아야 한다. 그렇다는 것은, 한편으로, 객관적 우주론은—그리고 전체를 포괄한다는 관점에서 이야기되는 모든 이데올로기적 역사 이해 또는 사회 이해는—끊임없이 접근하려는 노력이 있을 뿐 결정판이 있을 수 없다. 다른 한편으로, 이러한 전체에 대한 비전을— 특히 정치 이데올로기의 경우에 그렇다고 할 수 있는데—너무 주관적인 관점에서 만들어내는 것은 오류에 이르는 첩경이다. 그것은 정신은 흐리하게 하는 마약일 수 있다. 우주론 그리고 모든 일에서의 전체론은 인간 이해의 하나의 조건이면서, 완전히 도취하여야 할 비전은 아니다.

이러한 것이 "無重力狀態"의 의미가 아닌가 한다. 무중력상태는 물리학적 실험의 대상이고 상상해보아야 할 가설이다. 그것은 "목숨을 총알처럼 발사"할 때 실험될 수 있다. 사람의 삶이 그 조건 속에서 영위 될 수는 없다. 그것은 사람이 가져야 하는 우주에 대한 비전이다. 그것은 궁극적으로 사람의 삶을 지탱한다.

기하학적 또는 물리학적 철학적 가설—인간이 필요하면서 지나치게 강조될 수 없는 가설과 인간 조건의 제한 사이의 모순은 성찬경 선생의 시에 일관된 테마를 이룬다. 사람이 거대한 우주적인 공간에 살고, 생명의 뒤에는 한없이 펼쳐지는 지평이 있다는 것은 성 선생의 인간 이해의 토대이다. <火刑遁走曲>의 "流轉"은 새로 피어난 꽃을 두고 거대한 우주적 맥락을 상기하는 서정시이다.

꽃이 피었구나.

흐르는 구름이라도 일반이다.

그대는

하늘과 따 사이에 산다.

이러한 거대한 공간에 대하여, 시의 마지막 연은 새로 피는 꽃을 장구한 시간 속에 놓는다.

永劫을 타고 떠도는 티끌.

꽃이 피었구나.

그런데 거대한 시공간은 반드시 이러한 서정적 요소를 더하는 일만을 하는 것은 아니다. 사실 위의 "無重力狀態"에서 보는 우주적인 관점은 무엇보다도 객관성을 강조하는—감정이 아니라 초연한 객관성을 강조하는 데에 중요한 배경이 된다. 이 객관성은 흔히 시적 정서를 불러일으킬 수 없는 사물에서 찾아진다. 그가 오브제라고 부르는 폐물에 대한 관심도 이러한 초연한 객관성에 가치를 부여하는 데에서 나온다고 할 수 있다. 지금 3주기를 기념하여 열리고 있는 "물질보육원"전시도 여기에 관계되고, 생명체가 아니라 물질에도 권리가 있다는, 그가 명명한 바 "物權"도 이러한 관심의 연장 속에서 이야기되는 것일 것이다.(물권은 시집 <풍선 날리기> [2013]에 정의되어 있다.)

<벌레 소리 頌>(1970)에 실려 있는 "마당에 뒹구는 쇠의 오브제"는 생명체가 아닌 물건들이 그에 대하여 가지고 있던 의의—인간사를 초월하는 객관성의 의의를 잘 설명해준다. 이 시의 첫 부분에서 시인은 "꽃도 좋고 님도 좋지만" 사실은 "마당에 뒹구는 쇳덩어리 오브제"가 "가장 친한 벗"이라고 한다. 이 녹이 슨 오브제와의 신체적 접촉—근육에 스미는 무게, 이슬에 젖은 감촉, 자신의 의도대로 성형成形할 수 있는 쇠붙이의 유연성을 찬양한 다음, 시인은 그 정신적 덕성을 다음과 같이 말한다.

> 네겐 나에게 없는 謙讓이 있다.
>
> 나에게 없는 忍耐가 있다.
>
> 나에게 없는 無心이 있다.
>
> 나에겐 있는 虛榮이 없다.
>
> 너의 精神은
>
> 내가 갖고 싶은 精神의 典型이다.

그리고 쇠붙이가 있는 존재의 영역은 사람이나 다른 생명체와는 다른 공간에 있다고 말한다.

> 꽃은 차라리 나의 肉體와 같은 運命이다.
>
> 나무도 나와 같은 運命이다.
>
> 허나 너는 나와는 다른
>
> 彼岸의 질서에서 살고 있다.

그러나 인간의 관점을 넘어가는, 사물의 사물성, 그 우주적인 전체성—존재의 존재함에 이르고 그것을 표현하는 것은 지극히 어렵다. 또는 불가능하다. 성 시인은 시적인 출발로부터, 이것을 절실하게 깨달으면서도, 여기에 이르고자 하였다. 시에서 그가 목적한 것도 그러한 존재의 존재함에 이르려는 것이었다. 그러면서 그러한 노력의 어려움과 불가능에 부딪쳤했다. 연보에 기록된 첫 작품, 1951년의 "어느 詩境"은 벌써 이 어려움을 이야기하는 시이다.

> <動>을
> 無心히 좇는 그것은 바로
> 絶對의 <靜>이니
> 붓대 들어 詩를 쓴다는 것이
> 거짓말이다.
>
> 꿈의 搖籃을
> 切斷해 보곤
> 瞬間 驚愕할 때
> 詩는 태어나고
> 나는 버림을 받아
> 어디론지 墜落하고 있다.

시는 움직이는 현실이나 꿈을 쥐고자 한다. 그러나 잡히는 것은 사물이나 사건의 정지된 상태이다. 그리하여 시는 늘 스스로의 의도를 배반하는 작업이 된다. 현실 그것을 시인이 또는 인간이 그대로 포착하는 것은 불가능하다. 그러나 그러한 노력을 계속하는 것이 시인이고 인간이다. 성 시인은 21세에 쓴 이 시에서 이미 그의 시적 노력 그리고 정신적 탐구가 불가능을 이룩하려는 것이었다는 것을 느끼고 있었다.

6

그럼에도 불구하고 시인이 시를 계속 쓰는 것은 시가 이룩하는 것이 있다고 믿기 때문이다. 그것은 위에서 여러 가지로 이야기된 모순이 하나의 깨달음 속에 극복되는 것을 말한다. 성찬경 선생에게―다른 시인의 경우도 그렇겠지만―이러한 시의 의미는, 여러 모순에도 불구하고 또는 바로 그것이 있어서, 이러한 순간을 포착하는 것이다. 그것은 득오得悟의 순간이기도 하고, 기독교 신학의 용어이면서, 제임스 조이스가 유명하게 한 에피파니, 현현顯現의 순간이라고 할 수도 있다. 조이스의 한 작품에 따르면, 정신의 눈이 사물을 보면서 초점을 정확히 맞추려고 하는데, 초점이 정곡을 찌르고, 사물의 모습이 드러나게 되면, 그것이 에피파니이다. 이때 시각과 집중의 초점에 들어온 사물은 그 독자성, 그 구조적 전체성 그리고 빛 또는 광휘光輝를 발한다. 또는 위에서 언급한 화이트헤드의 생각을 빌리면, 성 선생의 시적 영감의 핵심에 있는 것은 여러 사건이 하나의 사건적 기회에 일어나는, "융합적 구체성"이라고 할 수도 있다.

이렇게 말하는 것은 성 선생의 시에 무수히 나오는 여러 형태의 빛, 특히 빛이 비치는 구슬 또는 결정체結晶體가 이러한 현현의 증표들로 생각되기 때문이다. 위의 "火刑遁走曲" 독해에서 이미 설명한 바 있지만, 거기에는 "에메랄드의 六角柱", "얼없는 結晶", "七色 돌 열매", "진주", "色琉璃", "우윳빛 구슬" 그리고 드물지 않게 등장하는 이슬―이러한 여러 가지 맑음의 이미지들이 나온다. 또 시 전체를 감싸고 있는 태양의 이미지, 더러 반복되는 번개도 여기에 포함할 수 있다." "오오러라만을 더불어 酬酌하다 化石된 베고니아" 또는 "허영의 光輝"와 같은 것도 빛과 결정結晶의 이미지에 들어갈 수 있다.

물론 이러한 맑음의 이미지들은 완전히 투명한 결정체가 아니다. 그런데 이러한 불투명한 상태에 주목하는 것도 중요하다. 사실 성 시인의 관심은 이러한 맑음의 증표들에 못지않게 그것들의 차등화差等化, 전이轉移 또는 퇴화이다. 여러 빛의 현상들은 "더러는 天使. 더러는 陰鬼"이다. "칠색 돌 열매"는 일곱 가지 색깔을 가졌다가 돌로 굳어진 열매이다. 전후 맥락으로 보면, "에메랄드의 六角柱"도 투명한 결정체로서의 의미를 잃어버린 유물이다. "오오러라만을 더불어 酬酌하다 化石된 베고니아"는 꽃의 아름다움을 가지고 있으면서도 빛에 일치하고 빛이 되고자 하다가 돌이 된 경우이다. 맑은 결정結晶은 영혼과 현상이 맞부딪는 기적의 증표이다. "얼없는 結晶"은 광채를 잃어버린 결정체를 말하는 것으로 보인다. 이 비유에서 "얼"은 핵심적인 개념이다. 방금 말한 바와 같이, "영혼을 스친 현상"이 기적을 낳는다. 그러나 그것은 곧 변형된다. 그것은 아마 영혼이 지성으로 단순화되기 때문일 것이다. 같은 변화는 "無重力狀態"의 "幾何學的 도취"에서도 일어난다.

 그렇기는 하나 성 선생의 맑은 결정체에 대한 탐색은, 여러 변용의 가능성을 배제하지 않으면서도, 계속된다. "모차르트風의 嬉遊曲"은 영혼이 있는, 얼이 깃든 결정체를 다음과 같이 말한다.

> 풀섶에서 골프하는 이슬 서너 방울과 담배 연기와
> 별똥 싸는 하늘 가의 경치와 굴뚝과 離別 키스하는
> 嬰兒구름과, 이런 정도를 오르내리는 것만으로도
> 맑은 靈魂의 새알심을 빚을 수가 있는 일이다.
> 만일에 그것들의 脈 뛰는 微分音에 민감하기만 하다면.
> 한쪽엔 푸른 못을, 또 한쪽엔 불기둥을 싣고
> 어느 쪽에 기울까 天平秤의 바늘처럼 망설이며
> 웃으려다 울려다 결국 웃어버리기는 하지만
> 피할 수 없는 귀한 인연으로 비밀로는 금이 가 있어
> 깊숙이 華奢한 눈물 甁을 늘 칠홉쯤은 채우는
> 그 영혼의 새알심을 <때> 안타게 빚을 수가 있는 일이다.

여기의 "靈魂의 새알심"은, 위에서 본바, "얼없는 結晶"에 대조하여 생각할 수 있다. 그것은 얼이 빚는 결정이다. 그것은 다른 결정체—이슬과 별똥을 수반하고 그것들의 뉘앙스에 민감하여야 한다. 그리고 그 새알심은 인간 현실의 두 가지, 물과 불—그것들이 무엇을 의미하는지는 분명하지 않지만— 그리고 슬픔과 기쁨 그 어느 쪽으로도 기울지 않게 균형을 유지하고, 마음속의 문제점을 적절하게 절제하고 표현하는 데에서, 빚어진다. 그것은 이러한 것들을 승화할 수 있어야 한다. 그러나 이 모차르트의 영혼에 빚어지는 새알심도 삶의 괴로움 속에 오래가지는 못한다. 시의 마지막 부분은 첫 부분에 비슷하면서 그와는 다른 비관적인 음조로 끝나게 된다.

결정체는 현현의 순간을 말하면서 여러 가지 뉘앙스를 갖는다. 위에 말한 조이스의 에피파니는 사물의 투명함(claritas)에서 보게 되는 사물의 본질(quidditas)를 말한다. 또 그것은 사물의 온전함에서 보게 되는 "지상의 아름다움"이다. 위에 성 시인이 이야기하는 "영혼의 새알심"은 "때"를 타지 않는다. 그것은 더러움을 타지 않는다는 말이기도 하고 시간을 넘어가는 영원의 상징이라는 말이기도 하다. <사랑의 초록빛>(1989)년에는 "사랑 사리"라는 제목의 시가 있다. 사리舍利는 고결한 스님이 죽고 난 다음에 남는 구슬, 법신法身의 상징이다. 이 시는 사랑하는 사람 사이에 사리가 생긴다고 말한다. "괴고 괴는 마음의 진기가 흘러들어/ 오래오래 구어져 영글어/ 사기도곤 단단하고 금강석도곤 단단하고 /이슬도곤 맑고 예쁜 뿌리"—이것이 "사랑 사리"라는 것이다. "석류"와 같은 구슬 모양의 과일 열매도 성 시인의 시에 여러 번 등장한다. 과일의 경우도 결정과 같은 모습의 열매가 특별한 의미를 갖는다. <時間吟>(1982)에는 석류를 말하는 시가 두 편이 있다. "열두 개의 열매가 사라진 석류나무 곁에서"는 열매를 따가고 남은 나무 곁에서 커다란 슬픔을 느끼는 심정을 시로 적은 것이다. 아마 이 시에 이야기된 것은. 이 시집의 다른 시들에도 나와 있는 한국 사회의 살벌함에 대한 느낌에 관계되는 것을 것이다. 그러나 석류는 성 시인에게 특별한 의미를 갖는다. 도둑맞은 석류나무 아래에서, 그는 꺼져 가는 "心靈의 불꽃"을 새로 터트릴 일을 생각한다. 그러자 마음에 "석류알 같은 기쁨이 솟기 시작"한다. 이것을 최후의 요새要塞로 삼아, "나의 언어가/ 뼈에 루비의 살을 두르고/깨물면 신물이 터지는/ 석류알 같은 언어면 좋겠다고 생각"한다. 그는 "심연"과 같은 원점에 서 있고 거기에는 그를 유혹하는 큰 문들이 있다고 한다. 그러나 그는 "간 곳이 없어진/ 석류 열매의 이름으로/ 피와 뼈가 묻어나지 않고선/ 빠져 나갈 수 없는 그 길을 가겠노라고" 결심한다. 즉 간단히 선택할 수 있는 초월의 길이 아니라 인간적 고뇌와 노동이 있는 길을 가겠다고 하는 것이다. 석류가 상징하는 것은 육체 속에 깃들어 있는 영혼이다. 같은 시집에는 "석류알"이라는 또 하나의 석류알에 대한 시가 실려 있다. 이 시는 석류알이, "눈 뜨는 나의 心靈의 석류알. 地靈과 해의 合金"이라고 말한다.

7

앞에서 말한 바와 같이 이슬이나 물방울도 성찬경 선생에게 인식론적 또는 철학적 의미를 갖는다. 위에 말한 시는 석류알이 상징하는 것이 심령과 피의 혼합이라는 것을 시사하였는데, <時間吟>의 또 하나의 시 "물방울 素描"는 같은 생각을 조금 더 어려운 물질 현상의 비유로 말한다. 그리하여 그것은 존재론적 해명의 성격을 갖는다. 이 시는 위에서 말한 여러 결정체의 전형으로 물방울을 설명하면서, 그에 대한 인식론적 철학적 해석으로, "융합 구체화"의 복합적 의미를 밝힌다고 할 수 있다.

맨 처음의 물방울 묘사는 자못 물리학적이면서 존재론적인 함축을 한다.

> 1
>
> 비탈을 가는 빛이 네게 머문다.
> 그림자가 빛의 집을 세운다.
> 그래서 너는 낳는다.

빛이 물질에 부딪히면 그림자가 생긴다. 이 그림자가 빛을 위한 집이 된다. 그림자로 하여 빛이 있음을 알게 된다는 말이다. 여기에서 이 현상을 "너"라는 2인칭으로 부른 것은 여기의 현상이 부름의 성격을 갖는다는 것 그리고 그것이 사람에게 해당하는 우화라는 것을 말하기 위한 것으로 생각된다. 처음에 "너"라고 불리는 존재가 존재하는지 아니하는지는 분명치 않다. 빛이 빛임으로써 비로소 "너"가 나타난다. 너는 빛의 그림자로 생겨나서 빛을 가리킨다. 그리하여 "너"는 너 자신을 낳는다.

> 2
> 네 생일에 네 모양은 地球다.
> 그러나 네가 폭포나 빙산이나 김일 때
> 네 모양은 숨는다.

물의 가장 기본적인 단위는 물방울이라고 할 수 있다. 원형이 그 기본적인 모습이다. 그것은 지구의 모습을 반영한다. 또는 기본적인 에너지의 장에서 지구나 물방울이나 모두 원형이 되는 것이 물리법칙이다. 인력과 중력, 구심력의 작용이 원형을 만들어 낸다. 이것을 사람에 대한 우화로 볼 때, 사람의 연형原型도 내외가 균형을 잡고 있는 구체球体여서 마땅하다.(다른 시들에서도 구체적인 것, 둥근 것은 언제나 좋은 것으로 말하여진다.)

> 3
> 있어도 없고 없어도 있는,
> 行爲의 零點에서

생각이 엉긴다.

행동이 정지되면, 생각이 집중된다. 그것이 코기토cogito의 근원이다. 그것은 생각이 엉키는—무색투명하면서도 "엉긴다"는 점에서는 원초적인 투명성이 손상된, 코기토의 중심이다. 그렇다고 그것이 이해利害의 관점에서 자기중심적이라는 것은 아니다. 인식의 주체라는 것 그것이 완전한 투명성을 어렵게 한다. 그것은 최소한의 주체의 거점據點이다. 이것이 물방울처럼 모든 공간적 대상적 전개의 중심이 된다.

4

흘러가는 休止符.

實體, 虛像, 正體, 現象.

영롱한 착각.

어떤 생각이나 행동을 하든지, 거기에는 주체의 핵심이 있다. 주체에 머물면서 사물들 속에 움직이는 것이다. 그것의 작용은 "움직이는 休止符"과 같다. 그 움직임은 강한 의지에 따르는 것이기보다는 바깥의 대상 세계의 움직임에 따라 "흘러간다." 그것은, 자기 인식이든 대상에 대한 인식이든 현실 존재—'실체'라는 인상을 준다. 그러나 그것은 환각에 비슷하게 '허상'일 수 있다. 그렇다면 그 뒤에 숨어 있는 '정체'가 무엇인가 하는 문제가 나온다. 거기에 대한 답변은, 현상학의 답변으로는, 보이는 대로의 것, 나타나는 대로의 것—

즉 '현상'이라는 것이다. 그러나 어떻게 답하든지 간에, 이 모든 것은 "영롱한 착각"일 수 있다. 물방울이라는 현상에 투명 되는 광선의 번쩍임에 불과할 수 있다.

5

物質觀念.

觀念物質.

사이 사이 膜.

물질과 관념은 하나이면서 둘이라는 기묘한 관계를 맺고있다. 관념은 최대로 물질에 가까이 가야 한다. 그리하여 "物質觀念"이 되고자 한다. 외면에 대한 인식에 있어서, 최소한의 내면 개입, 사고의 개입을 기하려는 것이다. 그럼에도 그것은 결국 "觀念物質"--사유 작용이 만들어내는 물질일 수밖에 없다. 물질과 관념은, 적어도 진리에 이르려는 한 껏의 노력에도 불구하고, 서로 간격을 갖지 않을 수 없다. 그것은 세포와 세포 사이에 '막'이 있는 것과 같다. 그것은 서로 하나이고 교환 유통하면서 따로 존재한다.

위에서 말한 바와 같이, 이것은 대상의 참모습에 대한 깨달음 — 에피파니를 설명한 것이다. 그리고 사람의 지각과 진리 의지에 대한 우화이다. 그러면서 실제로 물리 현상 그리고 그것의 지각 자체에 대한 관찰이다. 과학적 관철과 철학적 분석, 그리고 시적 인간적 해석— 이것을 아울러 가지고 있다는 점에서, 시적 효과가 높다고 할 수는 없지만, 성찬경적 사고의 백미白眉라고 할 수 있다.

8
———

진리 인식과 지각적 체험과 그 인간적—그러니까 시적인 의미를 해석하는 데에, 성찬경 선생이 이르게 된 중심 개념, 또는 위의 시의 용법에 따라, '관념'의 하나가 된것이 '반투명'이다. 이것은 1984년의 시집의 제목이기도 하고, 거기에 수록된 작품의 제목이기도 하다. 시 "半透明"은, 조금 느슨하게 구성되어 있지만, 바로 그 때문에 성찬경 시인이 도달하고자 했던 중심 개념을 잘 설명해준다. 삶과 존재 일반에 있는 모순의 교차와 융합과 화해를 오고 갔던 그의 시학과 철학의 종착지가 이 시에서 집약된다고 할 수 있다. 종착지에 이른 것은 그의 가톨릭에 귀의한 것 그리고 그 신학적 사고에 도움을 받은 결과인지도 모른다.

첫 시작은 해설을 위한 근본적인 상황을 묘사한다. 철학적 반성이 그로부터 시작한다. 그런데 그 시작이 극히 구체적인 지각(知覺, perception)에서 시작되는 것은 전형적이다. 성찬경 선생의 생각은 결국 '지각의 시학'이고 '지각의 형이상학'이 된다.

내 어느 날

큰 나무 밑에 누워서 하늘을 보았을 때

　　　　햇살이 스미는 나뭇잎들의

　　　　그 부신 아름다움에

　　　　넋을 잃었다.

　위 연에서, 빛의 원천은 분명 햇살이지만, 시인을 감동하게 하는 것은 나뭇잎들이 아름답고 눈부시다는 것이다. 근본은 멀리 있지만, 그것으로 하여 촉발되는 피사체被射體의 현란함에 놀란 것이다. 다음 연은 이 피사체 하나하나를 점검點檢한다.

　　　　바람에 나부끼어

　　　　나뭇잎들이 모두 춤을 출 때

　　　　잎 하나를 세는 해의

　　　　잎 둘을 세는 해의

　　　　잎 셋을 세는 해의

　　　　변화무궁한 초록의 濃淡은

　　　　영묘한 音階였다.

　위 연에 이야기되는 초록의 농담은 나뭇잎의 농담이면서 햇빛의 농담이다. 잎들을 점검하는 주체는 해이고 해가 다양하게 표출되는 스스로의 모습을 점검하는 것이다. 그러니까 여기에 묘사된 현상들의 주체는 해이다.(여기의 문장이 꿰여 있는 것은 이것을 표현하려는 시도로 인한 것이다.) 해는 이 점검을 하나로 묶어 음계가 되게 하고 음악을 만들어낸다.

음악이 가능하기 위해서는 해가 있어야 하지만, 그에 더하여 나뭇잎과 같은 현상계의 사물들이 필요하다.(사물들이 해를 필요하지만, 해도 사물들을 필요로 하는 것이다.) 또 이 사물들은 초월적인 근원과 인간 사이에 매개자가 된다.(초월적 근원은 스스로의 음악에 더하여, 인간과의 소통을 바라는 것일 것이다. 또 인간도 초월자의 음악에서 음계가 된다고 할 수 있다. 인간은 신[神]의—간단하게 해를 신[神]의 상징이라고 한다면—음악에 필요한 소재이다.) 그리하여 다음 연에서, 시인은 나뭇잎의 매개자로서의 덕德을 찬양한다. "보는 이로 하여금/ 황홀한 명상에로 이끄는/ 나뭇잎의 덕의 깊이에 나는 놀랐다"고 그는 말한다. 나뭇잎들은 "하늘과 땅 사이에 펼쳐진/ 半透明의 膜의 무리"이다.("막"은 위에서 본 것처럼 여러 존재를 가르면서 연결하는 장치이다.)

"반투명"은 물론 "투명"과 "불투명" 사이에 존재한다. 다음 연이 이 관계를 상징적으로 설명한다. 시인은 위에는 "투명한 하늘," 아래는 "불투명한 大地"가 있고 그 사이에 "나뭇잎의 軸"이 반투명으로 둘 사이에 있다. 이러한 반투명이 필요한 것은 투명은, 세계내존재世界內存在들의, 필요하면서도 견디기 어려운, 존재의 바탕이다. "투명이여"의 부름으로 시작되는 몇 개의 연에서 시인은 투명의 어려움을 설명한다.

> 투명이여.
>
> 너는 냉엄한 입김.
>
> 생산 없는 논리의 뼈대.
>
> 눈물 없는 율법.
>
> 너만이 채워질 때
>
> 사람은 핏기 없는 化石이 된다.

  여기에서 투명은 딱딱한 논리 또는 법칙으로 이야기되었지만, 다음의 연에서는 그것은 하나의 비전으로써 이야기된다. 주의하여야 할 것은, 이러한 피안 적인 비전을 매개하는 것은 단순한 개념이 아니라, 바람과 같은 몸으로 느낄 수 있는 현상이라는 것이다. 개념과 지각의 결합은 불가결의 방법적 사건이다.

> 바람이여.
>
> 티없이 맑은 너로 해서
>
> 단박에 보이는 것은
>
> 아득한 피안의 풍경.
>
> 하늘에 솟는 톱날 바위.
>
> 은하 너머의 싱운.

너무도 초월적인 그 거리로 해서

사람은 네 앞에서 절망하여 쓰러진다.

  멀고 잔인할 수 있고 너무나 광대무변한 우주의 광경 앞에서 사람은 절망한다. 다음의 연에 의하면, 그것을 바탕으로 하여서는 사람과의 관계가 맺어질 수가 없다. 그것은 "무한과 직통"하는 것이기 때문에, "사람은 못 견딘다." 그뿐만 아니라, "투명"에는 빛도 머물 수가 없다고 한다. 그러니까 초월적인 존재로서의 햇빛도 세간 속의 사물의 불투명이 없이는 스스로를 보일 수가 없다.
  다음은, 투명에 대하여, 불투명의 속성을 설명하는 것이다.

不透明이여.

너의 얼굴은 흙.

너에겐 촉촉한 습기와

목숨의 싹이 깃들지만

두 눈을 빼앗긴 너에겐

飛翔이 없다.

지렁이처럼 길 뿐이다.

불투명의 대가는 자신이나 세계 인식에 있어서 막힌 공간에 갇히는 것이다. 불투명은 빛을 막는 일이다. 그것은 사방에 벽을 세우고 스스로 수인囚人이 되는 것이다. 그것은 "我執의 城砦"에 들어가고 암흑 속에 갇히는 일이다. 그 안에서 "개미는 개미로/囚人은 囚人으로/ 자아는 자아로" 끝없이 순환한다.

불투명에 대한 설명 다음에 투명과 불투명 사이에 자리하는 반투명의 의의가 이야기된다. 반투명으로 하여 빛이 머무는 곳이 생긴다. 그것은 참으로 중개자의 공간이다. 그것은 "관계의 聖殿"이다. 그것으로 하여 "지나갈 것"과 "남을 것"이 여과濾過된다. 그리고 단위의 사물들이 서로 이어진다. 그리하여 "우주는 파편 아닌/ 둥근 고리가 된다." 그리고 "너의 보금자리 안에서/"微妙, 神妙, 絶妙, 靈妙" 따위의/ 낱말들이 자란다." 거기에서 즉 사물의 섬세한 변조를 지각할 수 있게 된다. 그것은 단순히 장식적인 기교를 나타내는 것이 아니라, "微, 神, 絶, 靈"의 한자가 표하듯이, 점점 영적인 경지로 나아가는 상승이 된다.

이러한 반투명에 대한 해석 다음에, 시는, 그에 비추어 시인이 스스로의 삶을 되돌아보는 것으로 나아간다. 그는 우선 사물을 보는 데에서 작은 것에 척도를 두겠다고 한다. 즉 소리의 척도는 벌레 소리. 빛의 아름다움의 척도는 살랑이는 초록빛 나뭇잎—반투명한 것이 될 것이라고 한다. 시인은 오십이 넘으면, 반투명의 나이가 된 것이라고 한다. 그리하여 투명과 불투명이 교차하여 보일 것이, 흐릿하게나마 보이고 역겨운 것들이 안개 속으로 사라진다. 기억과 망각이 모서리 닳아 둥그렇게 하나가 된다. 반투명에서의 응시는 "靈의 눈"과 "肉의 눈"이 하나가 되어 사물들이 "오련히" 보이게 한다. 거기에는 황홀함이 있다.

그러나 반투명의 응시에 모든 것이 드러나는 것은 아니다. 거기에는 "안식"도 있지만, "초조함"도 있다. 그것은 "정중동"이고 "동중정"이다. 그것은 "영원한 운동의 원리.'/끝없는 求道의 터"이다. 그러나 개인적 품성에 있어서 반투명의 결과는 분명하다. 반투명은 투명이나 불투명 어느 쪽에도 "겸허"를 가질 수 있게 한다. 그리하여 "냉엄"과 "아집"이 붕괴된다. 그리고 "눈물의 和合, "無上의 無化," "무아無我"가 가능해진다. "無上의 無化"는, 지상至上의 것이 무無와 일치한다는 말로 진정한 초월의 의미를 이렇게 표현하는 것일 것이다. "無我"는 하늘 갈 사람이 땅에 입을 맞추는 모습으로 상징된다. 이 모습이 다음의 그리스도에 대한 언급으로 이어지는 것일 것이다. 성 시인은, 예수가 그에게 호소력을 갖는 것도 예수의 모습에서 "투명과 불투명이 피 흘리며 교차하는/ 반투명"을 보기 때문이라고 한다.

그리고 시는 다시 반투명 예찬이 된다.

반투명이여.

따듯함이여.

착한 것들은

모두 너의 모습이다.

嬰兒의 살갗.

새순.

달 뜨는 손톱.

꿀벌의 날개.

반투명은 따듯함과 착함과 부드러움의 바탕이다. 어린아이의 살갗, 새순, 고운 손톱, 꿀벌의 날개 등이 그 표지가 된다.
그 다음 구절은 반투명을 "膜"이라고 한다.

膜은 激浪을 막는다.

그러나 고여 썩지 않도록

쉼없이 졸졸

물이 흐르게 한다.

목숨의 자양은 걸러서

목숨으로 보내고

삶의 구정물은 시궁창으로 내보내는

막도

> 너와 같은 반투명이다.

    반투명의 막은 삶에 필수적인 것과 장해가 되는 것을 여과한다. 그것은 삶을 지탱하는 근본이다.
    시는 반투명 송가로 끝난다. 반투명의 마지막 정의는 "신비의 무리", "빛의 둥우리" 그리고 "사랑"이다. "신비의 무리"에서 "무리"는 '다수多數'라는 뜻으로 처음에 이야기된 나무 잎들처럼 하나이면서도 다수를 말하고, 햇빛의 신비가 그 속에 다수의 의미 가능성을 수장收藏하고 있다는 뜻으로 볼 수 있다. 또 하나의 뜻은 '햇무리', '달무리'와 같이 빛을 반영하면서 동시에 흐리게 하는 해와 달의 테두리이다. 너무 냉엄하게 비치는 투명한 빛이 가려짐에 따라서, 많은 현상이 번창하게 된다는 것이 전체의 뜻일 것이다. 반투명은 신비에서 생겨난다. 그것이 모든 존재를 비춘다. 그리고 존재 속에 드러난 실존의 사물들, 그리고 인간을 하나의 사랑으로 묶는다.

9

    이미 말한 것처럼, "半透明"은 성 시인의 시학과 철학적 형이상학적 사고를 잘 요약한 시이다. 다만 요약은 조금 너무 추상적이고 개념적이라고 할 수 있다. 그리하여, 가령, 조금 전에 인용한 데에서 이야기되는, 영아의 살갗이나 새순은, 이 시가 설명해 나가고 있는 개념으로는 반투명에 속한다는 것을 알 수 있지만, 감각이나 지각의 관점에서 그렇게 느끼기는 쉽지 않을 것이다. 그러나 다른 시들에서 보게 되는 그의 큰 관심사는 조금 더 물적物的인 현실감을 느끼게 하는 사물들이다. 그러한 사물은, 조이스의 에피파니의 경우처럼, 사물의 사물됨, 그 독자성을 보여주면서, 그 구조적 전체성을 느끼게 하여, 그것으로 하여, 빛 또는 광휘光輝를 발하는 사물이다. 그런데 "사물시 Dinggedichte"는, 현대 독일 시에서, 이 사물의 사물됨을 보여주는 것을 주안으로 하는 시를 말한다. 그 성격은 라이너 마리아 릴케의 어떤 시들에서 잘 드러난다. 성 찬경 선생이 지향하는 것이 객관성인 것은 틀림이 없지만, 그의 시에 사물시라고 할 수 있는 시가 많은 것은 아니다. 그러나 객관성 지향이 그러한 시의 동기가 될 수 있는 것도 사실이다. 그리고 그러한 시들이 없는 것은 아니다. 이 글의 앞부분에서, "밀화 속 곤충"(<거리가 우주를 장난감으로 만든다> [2006] 수록)을 말하면서 릴케의 "풍뎅이돌Der Kaeferstein"을 언급하였다. 이 시들을 다시 한번 읽어 보기로 한다. 우선 "밀화 속 곤충" 전문을 인용한다.

밀화蜜花 속 곤충. 알 수 없구나 너의 무덤이

영원한 축복인지 형벌인지를.

아득한 지질시대 나무의 바다 진이 농익으며 엉기고

엉기며 다시 농익어 마침내 보옥.

불그레노리끄레 고인 세월만큼이나 깊은

반투명 윤에 싸인 신비의 자리.

산을 온통 치장한 제왕의 무덤도

네 곁에선 겉만 요란한 허세.

미의 여신이 그 옛날 이미 매혹의 꿀 값으로

피와 목숨의 제물을 반기더냐.

목숨 가련하다 밀화에 밀폐된 작디작은 미라.

어차피 목숨은 사라져서 남는 흔적.

귀기울이니 붕붕 나는 날개 소리 결 곱게 들려온다.

날으렴, 밀화 속 곤충. 그렇게 세상 시간 끝까지.

   이 14행시는 밀화 속의 곤충을 객관적으로 간략하게 묘사한 소네트이다. 그러면서, 시의 파토스는 어쩌면 곤충이 영원한 아름다움을 위하여 스스로 희생하였을 수 있다는 시사에 있다. 예술가의 헌신— 또는 모든 사람의 맡은 바 일에 대한 진정한 헌신은 늘 그러한 희생을 요구한다. 성찬경 시인도 1965년의 시, "한 줄의 詩句"에서, "가난한 가슴에 無限한 빛이 되는/ 한 줄의 시구를 위해서라면/ 목숨이라도 기꺼이 바치겠다."라고 쓴 바 있다.

　여기에 이어, 감성의 유사성과 차이를 감상하기 위하여, 릴케의 시를 번역하여 인용하겠다.

별들도 그대의 곁에 가까이 있지 않은가.
그대가 품어 안지 않는 것이 있는가.
이 풍뎅이의 갑각(甲殼) 날개의 붉은 중심은

날개를 한껏 내리 누르고 있는 공간을
그대의 피 전부에 받아들임이 없이는
그대가 잡아 볼 수 없는 것일 터임으로.
이 보다 공간이 양순하고 가깝지 않았으리.

공간은 수천 년 풍뎅이 위에 놓여있지.
아무도 뜻대로 중단하고 부리지 않았고.
풍뎅이는 자기 안에 자기를 닫고
공간의 무게를 견디면서 잠들어 있지.

이 시는 풍뎅이가 안에 박혀 있는 돌 또는 보석을 있는 그대로 그린 것이다. 그러나 그 중심은 독자로 하여금 수천 년의 세월 동안 미라가 된 풍뎅이 곁에 꿈쩍하지 않고 있는 공간 그리고 시간을—중단되고 부림 받고 하는 일로 교란되지 않은, 시공간을 느끼게 하는 데 있다. 우리는 대체로 시공간 안에 살면서도 그것의 무한한 펼쳐짐을 느끼지 못한다. 우리에게, 중단과 실용에 매여 있는 인간에게, 시공간은 늘 흘러가고 움직이고 있는 사실들의 장면일 뿐이다. 시는 이에 대하여 시공을 하나의 '있음'으로 느끼게 한다. 시는 그 객관성에 있어서 앞의 성 시인의 시에 비슷하면서도 조금 더 형이상학적 차원을 시사하려고 한다.

"논 위를 달리는 두 대의 그림자 버스"는 2005년의 같은 제목의 시집에 실려 있다. 이것은 버스를 타고 가면서 볼 수 있는 일상적인 광경을 담담하게 이야기하면서, 그러한 담담한 또는 덤덤한 광경이 함축하고 있는 형이상학적 신비를 느끼게 한다. 우리가 체험하는 모든 사건—일상적 사건에도 그러한 신비는 스며 있다. 다만 삶의 실용적 경영에 사로잡혀 있는 인간이 그것을 느끼고 생각할 여유를 갖지 못할 뿐이다. 그러나 이러한 삶의 신비에 대한 관심이 성찬경 철학의 핵심에 있다.

> 논 위를 달리는 두 대의 그림자 버스
>
> 가
>
> 길 위를 달리는 실물 버스

보다

훨씬 더 재미 있다.

두 대의 그림자 버스의 모양이

(약간 흐린 날이라)

둥그스름하게 털옷을 두르고 있다.

내가 타고 있는 그림자 버스 창에

사람 머리가

하나, 둘, 셋, 넷, 다섯…

열쯤 된다.

실물버스의 운전석 해가림이 청색 필름이라

논 위에 계속 청화 靑華 무늬가 번진다.

그지 없이 아름다운

꿈의 무늬다.

푸른 점박이 버스가

논을 마구 쓸고 가도

풀 하나 흔들리지 않는다.

마구 훑어도

검은 흙 한 톨 튀지 않는다.

두 대의 그림자 버스가

소리 하나 안 내고

비닐집도 넘고 넘어

솔밭도 넘고 넘어

경쾌하게 달린다.

힘의 낭비가 영이다.

올라갔다 내려왔다

신동의 악보다.

착 붙어

논을 핥는다.

얼마나 맛있을까

전내기 진간장

반지르르 들기름에 꿀 흐르는 땅

논과 그림자 버스는

알몸과 알몸.

납작한 밀착이다.

철저한 천착이다.

완벽한 이별이다.

흔적은 무구 無垢 다.

나와 저 그림자는?

이 버스와 저 버스는?

플라톤?

두어라.

농밀 濃密 한 농밀한 사건이지만,

시간 위를 미끄럼 타듯

형이상 形而上 의 현상이다.

논 위를 달라는 두 대의 그림자 버스

는

동화 나라 두 대의 진짜 버스다.

    두 대의 버스가 있다. 하나는 진짜, 하나는 그림자. 그러나 길고 넓은 시공간에서 볼 때, 어느 쪽이 진짜고 어느 쪽이 그림자인가? 위의 시는 불투명, 반투명에도 스며들어 있는 투명성을 느끼게 한다. 성 시인이 목적하는 것은, 여러 시에서, 형이상과 형이하를 구별할 수 없게 되는 삶의 신비를 기록하는 것이라고 할 수 있다. 삶의 모순 속에서의 그의 추구는 결국 삶의 신비에 대한 느낌에 이르는 것이다. 그리고 우리로 하여금 그것을 함께 느끼게 하는 것이다. 이 것은 허무를 깨닫는 것이기도 하지만, 그것을 깨닫는 것은, 위에서 본 바와 같이, 삶의 깊은 의미를 새로이 뒤돌아보는 일이다. 성찬경 선생의 시와 철학은 이 신비를 천착하는 작업이다.

10

성찬경 선생의 시는 참으로 깊이 있는 삶의 철학을 추구하고 있다. 이것은 우리 시에서 많이 볼 수 있는 것이 아니다. 서두에 말한 바와 같이, 필자는 대학 시절부터 성 선생을 볼 수 있는 기회를 가졌었다. 지금은 잃어버렸지만, 그의 첫 시집이 나온 다음 해에 그에 대한 논평을 발표하기도 하였다. 그러나 그 후에는 별로 깊이 있게 그의 시를 읽지 않았었다. 이번 기회에, 늦게나마 그의 시를 전체적으로 살펴볼 기회를 가지게 된 것은 다행한 일이라고 하겠다. 그의 시는, 조금 전에 말 한 바와 같이, 드물게 보는 심각하고 깊이 있는 시이다. 그러니만큼 그 시의 의미를 깨우치는 데에는 시인의 끈질김에 맞먹는 사고와 천착이 있어야 한다. 이번 기회로 필자는 그러한 기회를 조금은 가진 셈이다. 3주기를 기념하는 행사에 초청하여 주시고 논문의 기고를 부탁한 이명환 여사와 유족 여러분께 감사드린다.

선생은 죽어도 죽지 않은 것이 삶이라는 것을 여러 편의 시에서 말씀했다. 그 중에 "하루하루가"라는 시에서, 자신의 삶과 죽음을 놓고 이렇게 적은 적이 있다.

> 언젠가는 이승을 떠나겠지만,
>
> 그것은 잠시 겪는 전환일 뿐
>
> 나의 생명은 더욱 선명해질 것이다.

이것은, 그의 타계에서의 삶을 말한 것이지만, 시작품들에도 적용될 것이다. 3주기를 맞아 성찬경 선생의 명복을 빈다.

김우창 약력

1936년　전남 함평출생
1954년　광주고등학교 졸업
1958년　서울대 문리대 영문과 학사
1961년　코넬대 석사
1975년　하버드대 박사
1963-1974　서울대 문리대 교수
1969-1972　버팔로 뉴욕주립대 교수
1974-2003　고려대 영문학과 교수
2009-2013　이화여대 이화학술원 방문교수
1992년　영국 케임브리지대 교수
1993년　일본 동경대 교수
1996년　미국 하바드대 교수
2001-2003　미국 어바인 캘리포니아 대 교수

저술

정치와 삶의 세계(2000년)
풍경과 마음(2003년)
자유와 인간적인 삶(2007년)
정의와 정의의 조건(2008년)
세 개의 동그라미(대화록 2008년)
성찰(2011년)
기이한 생각의 바다에서(2012년)
체념의 조형(2013년)
깊은 마음의 생태학(2014년)
김우창 전집(2016년)

이재성 보나벤투라
작은 형제회(프란치스코회)

詩集 "논 위를 달리는 두 대의 그림자 버스"의[1] 신학적 전환[2]

---

1 이 시집은 시인 송운(松韻) 성찬경의 시집으로 2005년 문학 세계사에서 출판되었다. 시인은 1930년 3월 21일 충남 예산에서 출생하여, 1950년 5월 서울대 문리대 영어 영문학과에 입학하였고, 1956년 <文學藝術紙>를 통하여 고 조지훈님의 추천으로 시단에 등단하였다. 2001년에 대한민국 예술원 회원이 되었고, 9권의 시집들을(시선집 제외) 냈으며, 2013년 2월 26일에 갑작스럽게 타계하여 주위를 놀라게 하였다. 이 논문에서는 시인 성찬경을 시인(詩人)이나 송운(松韻)으로 호칭하겠다.

2 신학에는 많은 분야가 있으나, 여기서는 영성신학 내지는 신비 신학에 국한하고, 그것도 성 보나벤투라의 예술론에 국한하며, 뿐만 아니라 성 보나벤투라의 스승인 성 프란치스코도 자주 언급될 것이다.

I. 들어가기

　시인 성찬경의 시는 출발부터 초월적이다. 시기적으로 아주 초창기에 발표된 시에 속하는 「어느 詩境」에서 그는 벌써 동動과 무심無心과 정靜을 노래한다. "<動>을/ 無心히 좇는 그것은 바로/ 絶對의 <靜>이니……詩는 태어나고/ 나는 버림을 받아/ 어디론지 墜落하고 있다." 여기서 "나는 버림을 받아 어디론지 墜落하고 있다."를 나는 사라지고 정靜의 세계에 든다는 뜻으로, 말하자면 무아無我가 되어 정靜의 세계에 든다는 뜻으로 읽어 무리가 없을 것이다. 모든 종교들이 공통적으로 언급하는 無我와 無心과 靜이 21세의 청년 시인의 초기 작품에서 발견되는 일은 그리 흔치 않을 것이다. 흔히 그 나이에 그렇듯이 막연한 꿈을 꾸면서 허무한 날개짓을 하기가 십상인데 이 청년은 현실에 굳게 발을 디디고 탄탄하게 노래한다. "내 마음속에 숨어 있던/ 샛파란 虛榮이 深呼吸을 하면/ 濁한 香氣……"[3] 아직 종교에 입문하지 않은 한 청년의 지향이 이미 인간의 보편적 고뇌를 품고 피안의 세계를 향하는 것이다. 그러나 피안의 세계까지도 그에게 대체적인 얼개로 이미 그려져 있다. "昇華한 넋의 방울이/ 찰름 고여 있네/ 永遠히 더 저물지는 못하는 黃昏의 그

3　22세인 1952년 작품 "詩人과 같이 있었기에"에서

릇 속에"⁴ "몇 개의 틀어박힌 별들이/ 神秘로운 빛으로/ 永遠을 八方으로 곧장 달리며/ 여기저기에 말뚝을 박는다."⁵ 이 청년에게 피안의 세계란 곧 永遠임이 쉽게 드러난다. 추구하는 바가 가히 구도자求道者의 그것이다.

그러나 삶이 가혹하기는 이 청년에게도 예외가 아니었다. 일제 강점기를 겪었고, 당시에 흔하게 있었던 폐결핵을 앓았다: "복잡한 機械라/ 고장난지 이미 오래입니다./ 만 가긴 갑니다……붉은 피 뿜지요,/ 高貴한 피입니다./ 몇 백년 아니 몇 천년을 두고/ 걸러온 피입니다……아름다운 경치를 찾겠다고/ 熱心히 이것저것 고동을 틀어 봐도/ 다섯 개의 計器가 모조리 부서진/ 이 레일은/ 언제나 숨막히는 循環論法이오./ 만 가긴 갑니다."⁶

이 젊은 시인의 미래의 삶이 이미 어깨에 무겁게 지워졌다. 초월 자 안에는 벌써 새겨져 있을 이 젊은 시인의 인생 역정歷程이 대개는 그려지나, 그 종착역은 피안의 끝자락 어디에서 끝날지…….

---

4 22세인 1952년 작품 "밤, 달, 별 其他"에서
5 24세인 1954년 작품 "宮"에서
6 25세인 1955년 작품 "레일 위에서"에서

II. 詩集 "논 위를 달리는 두 대의 그림자 버스"의 영적 구성

　시인의 많은 시집 가운데에서 특별히 이 시집을 선택한 동기는 이러하다. 이 시집의「서시」에 다음과 같은 구절이 있어서다: "무엇이고 시간 속에서/ 시시각각 새롭지 않은 것은 없고/ 시간 속에서/ 색이 바래고 때묻지 않는 것도 없다./ 새 것도 없고 새 것 아닌 것도 없는/ 기묘한 현실의 얼개 앞에서/ 감각과 생각은 여간 무디지 않다./ 묵은 것에서/ 새싹 가려내는 연습./ 새 것에서/ 영원한 모습 찾는 연습./ 동시에 우리 말에 새생기 불어넣는 연습./ 그리하여 생긴 것이 이 시집이다." 시인이 찾아낸 영원의 모습이 어떤 것인지 궁금하였다. 변하는 것 안에서 변하지 않는 영원을 찾아서 떠나, 그리워 그리던 영원을 발견하였을까? 영원이란 신학적으로 환원하면 곧 영원하신 하느님이다. 시인에게 하느님은 어떤 모습이었나 궁금하지 않을 수 없었다.

　이 시집은 4章으로 되어 있는데, 각 장의 순서에 따라 나에게는 4가지 정신 곧 점성 정신[7], 침묵 정신[8], 관상 정신[9], 그리고 무아경지

---

[7]　松韻은 "한국 순교복자 수도회" 재속 3회 회원으로서 창설자이신 방유룡 신부님으로부터 영적 영향을 많이 받은 것으로 안다. 이분의 영적사상 중에 점성 정신이 있다; "점성 정신(點性精神)은 알뜰하게, 정성스럽게, 규모있게, 빈틈없이, 네 가지 뜻이 있다. 점성 정신이란 뜻이 우리나라에는 없다고 했으나

로 짜여있는 것으로 보였다.

1장은 「셋잇단음표에 대하여」의 소제목 하에 10편의 시가 있는데 점성 정신을, 2장은 「논 위를 달리는 두 대의 그림자 버스」의 소제목 하에 10편의 시가 나열되는데 침묵 정신을, 3장은 「요소시」의 소제목 하에 10편의 시가 있는데 관상 정신을 이루는 것 같고, 4장은 「똥」이라는 소제목하에 12편의 시가 이어져 나오는데, 무아無我의 경지를 노래한다.

1장은 점성 정신點性精神을 시작으로 하여 거기에서 파생된 것들이 엮어진 시들이다. 점點의 영적 차원이 전개된다. 아래 도표는 좌측이 시의 제목들이고 우측은 그 시에 나타나는 점성 정신과 관련을 맺는 어휘들이다.

알뜰하다는 것이 바로 그 뜻에 꼭 알맞는다 하겠다."(영혼의 빛, 방유룡, 도서출판 순교의 맥, 541쪽, 1980)

8 "점성 정신에서 침묵이 나옵니다. 침묵은 말하지 않는 것이 아니라 자아를 극복하는 하나의 길이기도 합니다. 자아를 극복하는 것은 사욕을 이겨내는 것입니다. 또한 침묵은 하느님께로 가는 빛입니다. 점성 정신을 잘 실천하면 침묵이 저절로 나옵니다."(영혼의 빛 723쪽)

9 방유룡 신부님은 "대월(對越)"이라는 이름으로 "관상"을 대신한다. "마주 대하여 초월한다."는 뜻으로 그 시절에 쓰였던 관상의 의미라고 한다. 우리말 사전에는 없는 말이다. 신부님은 수도생활의 근본정신을 점성(點性), 침묵(沈默), 대월(對越), 무아(無我)로 말씀하신다.

시 제목	점성 정신 點性精神과 관련된 어휘들
1. 서시	새싹. 새 생기 불어넣는.
2. 점이 진리다	알뜰히. 규모있게. 공들여. 점성 정신.
3. 5:18	1나노초.
4. 풍선 날리기	미풍을 타고 서서히 흐르며 작아진다.
5. 연애편지의 무게를 다는 저울	수술처럼 저울 바늘이 가볍게 가볍게.
6. 주문 없이는	하루도 못 살아.
7. 하루하루가	微視的 천지창조. 저 끝. 작고. 세포다. 한 마리의.
8. 금강산 깊은 품이	새를 품듯. 아직 어린.
9. 경악선 驚愕選	칼날처럼 예리한. 전구5촉. 쏜살처럼. 한복판. 깨알. 바늘 끝만한. 눈꼽만한. 녹두알. 미생물. 이슬방울.
10. 셋잇단음표에 대하여	쪼개는 악구. 0.33333. 끝까지.

2장은 1장의 점성 정신에 이어 沈默精神이 펼쳐지는 장이다. 침묵의 언어들이 주축이 되는 침묵 정신의 章이다. 아래 그림도 좌측에는 시의 제목들이고 우측에는 그 시에 나타나는 침묵 정신과 관련을 맺는 어휘들이다.

시 제목	침묵 정신과 관련된 어휘들
아아아아아 아아아아아	눈을 감고.
2. 무어가 한번	굴속, 어둠에 꿈. 빵 뚫린 창문. 구멍의 여명.
3. 미시시	굉장한 힘. 우주시.
4. 재미에 신들리면	허공의 재미. 신음.
5. 미묘한 동기에서	성채, 풀이 무성한 언덕.
6. 삼계에 뚫린	하늘과 땅. 둘이 하나로 녹아드니.
7. 저 두엄이 왜 그렇게 아름다운가	모양 빛깔 질감 양감. 사람 똥오줌. 가축 똥 오줌. 푹푹 썩고 농란히 곰삭아. 짙은 자양.

8. 상대성 원리와 사랑	기다림은 길고. 신비의 울림
9. 현실과 시	파란과 곡절 끝에. 복종하는. 흙을 굽는. 고통의 황홀.
10. 논 위를 달리는 두 대의 그림자 버스	논과 그림자 버스. 철저한 천착이다. 완벽한 이별이다. 흔적은 무구다. 농밀한 농밀한,형이상의 현상.

3章의「요소시」이하의 시들은 침묵을 지나 형이상의 현상을 관상하는 관상 정신으로 집약된 동화 나라의 세계다. 관상세계로 안내하는 언어이거나 아니면 관상의 상태에서 나오는 말들이주축을 이룬다.

시 제목	관상 정신과 관련된 어휘들
1. 요소시	반짝이는 것은.
2. 기로서	이것은 詩心이다.
3. 기	덩어리.보석.금강석.精靈.늠름. 아름다움.사랑.

4. 기는	기의 나라 하늘.
5. 기로	빛이 스미게. 터져야지. 뻥 터져야지.
6. 기를 뿜는것이 기쁨 이라던가	기쁨. 어린이. 기쁘다. 반짝이는 잔물결. 평화여. 기쁨이여. 호수여.
7. 要素體	要素藝術. 氣素哲學.
8. 동사로 쓴 시	사랑하다.
9. 다 오라	(여기서는 모든 언어가 관상의 매체가 된다)
10. 무지무지하게	(부정적인 언어들을 긍정적으로 받아들일 수 있도록 한다.)

    4章의 「똥」은 본 소고小考의 마지막에 언급하겠다. 4章은 관상을 지나 무아無我의 경지를 주제로 하는 것이어서, 사실 시인의 시의 완성일 뿐만 아니라 영성과 신비 신학의 완성이기도 하기 때문이다.

III. 詩集 "논 위를 달리는 두 대의 그림자 버스"의 영적 내용
(성 보나벤투라의 예술론과[10] 松韻의 詩世界)

　　구성을 그릇이라고 한다면, 그 구성을 바탕으로 하여 그릇에 담는 내용물이 있을 것이다. 지금까지 살펴본 바와 같이 송운松韻의 시의 바탕은 정성 정신, 침묵 정신, 관상 정신, 무아의 경지다. 그의 여타의 시詩들도 여기에서 크게 벗어나지 않을 것이다. 구조의 골격

10　　성 보나벤투라(1221-1274)는 이태리의 바뇨레지오(Bagnoregio)에서 태어났다. 작은 형제회의 7대 총장으로서 추기경이었다. 서구 신비 신학의 효시로 불리며 1482년에 시성(諡聖)되었고, 토마스 아퀴나스(Thomas Aquinas)(1225-1274)와 동년배로서 함께 파리대학 교수로 서로 쌍벽을 이루었다. 많은 저서가 있으나 대표작으로 「하느님께 나아가는 정신의 여정(Itinerarium mentis in Deum)」이 있다.

　　그의 예술론은 저서 「De Reductione Artium ad Theologiam(예술의 신학적 환원)」에 나타나 있는데, 어떤 학자들은 그 친저성(親著性)에 의문을 제기하기도 한다. 우선 구성에서 허점이 있어 보인다는 것이다. 1-7번 까지의 구성과 1-7번을 설명하는 8-26번까지의 구성이 다르고, 감각적 인식과 예술과 성경의 결론은 제시되어 있으나 이성철학과 자연철학과 도덕철학에는 결론이 없다. 이는 그의 다른 저서들의 구성으로 미루어볼 때 꽤 보나벤투라 답지 않다. 그래서 그의 초기 작품으로 보기도 하고, 아니면 학생들이 받아쓴 노트로 보기도 하나, 그렇게 보기에는 라틴어 문장이 성 보나벤투라의 스타일이다. 그리고 그의 여타의 학문들을 요약한다는 점에서 구성에 연연하지 않는 말기 작품으로도 보며, 이러한 의미에서 본서는 그의 사상을 짧게 요약한다는 측면에서 매우 중요한 위치를 차지한다 하겠다. 특히 그의 예술론은 박수를 받을 만하다.

자체가 형이상학形而上學적이며 구도求道적이기 때문이다. 이 둥지에 언어를 매체로 하는 시인의 시문학의 예술이 알을 낳는다.

서구 신비 신학의 효시라 할 수 있는 성 보나벤투라는 일찍이 13세기에 "하느님의 아들이 성부의 예술작품"[11]이라는 기치아래 당시에는 흔치 않은 예술론을 펼친다. 松韻도 자신을 신비가로 반은 자처하니[12] 서로 상통하는 바가 있어 보인다. 예술론에서 서로 상호보완相互補完하는 면이 있다. 성 보나벤투라는 예술의 바탕과 근거를 신학적으로 논한다. 다시 그 신학적 근거로는 자신의 높은 스승이었던 성 프란치스코의 말씀과 행적을 배경으로 들다가 마지막에는 예수 그리스도를 성부의 예술작품으로 제시한다.

시인 松韻은 물리학, 철학, 신학, 수학, 음악, 미술, 조각 등등 모두를 詩想으로 삼았고 자연과 우주도 거기서 예외가 아니었다. "순수도, 현실도 꿈도, 실험도 과학도, 뜻도 언어미도, 철학도 공업도, 무엇 하나 시에서 놓치고 싶은 것이 없다."[13]

성 보나벤투라 역시 삼라만상을 예술로 보았다. 연극이나 미술 음악은 오히려 차순次順으로 밀리고, 모든 학문을 포함하여 직조술,

---

11　De Reductione Artium ad Theologiam, Bonaventura, Franciscan Institute St. Bonaventure University(1996) p. 56: "Filius Dei est ars Patris.(하느님의 아들이 성부의 예술이다.)" 본 소고에서 이 저서를 앞으로는 "De Reductione Artium"으로 약칭하겠다.

12　「경악선(驚愕選)」 8: "약간 신비가이기도 한 나는"

13　「현대시」, 한국문언, (2006, 3) 29쪽.

단야鍛冶술, 경작술, 항해술, 의술을 예술의 앞자리에 놓으며, 심지어 동물을 포획하기 위한 무기제작과 요리까지도 예술이라고 한다.[14] 그리고 예술은 인간의 약점을 보완한다고 한다.[15] 두 분의 이러한 예술론은 언덕 위에서 쌍무지개를 보는 듯하고 포괄성과 깊이 그리고 전체성과 구체성에서 서로 조화를 이룬다. 쌍방이 서로 물건들을 주거니 받거니 하며 사이좋게 앉아 있다. 다만 성 보나벤투라는 철두철미 그리스도 중심주의지만, 松韻의 시는 예수 그리스도를 직접적으로 언급하지 않는 것은 아니나, 그의 거의 모든 시가 그 바탕에 깔고 있는 "형이상학적 서정이 녹아 있는 작품들"[16]이라 볼 수 있을 것이다.

"상상력이 풍부한 예술가가 순수학문인 수학이나 논리학을 피한다는 것은 보잘 것 없는 영혼의 소유자이기 때문이라오……누구든 완벽을 향해 노력해야 한단 말이오. 학문의 주변에서 맴돌게 아니라 마땅히 중심을 파악할 수 있도록 노력해야 하는 거라오. 엄정한 논리학자 혹은 문법학자 이면서 동시에 공상과 음악에도 심취할 수

---

14 「De Reductione Artium」 2 "여러가지 음식을 준비하는 요리법이다(ad cibi multipliem praeparatium)."
15 「De Reductione Artium」 2 "예술은 외적인 인간의 이익과 개선을 목표로 삼는다(Si vero ordinatur ad commodum sive profectum secundum exteriorem hominem)."
16 「철학적 서정성의 깊이와 보편성」, 설태수, (「현대시」 2006, 3, 67쪽)

있어야 하오."[17]

1장 「셋잇단음표에 대하여」의 영적 내용

1.1 「서시」

「서시」에서 저자는 본本 시집 전체의 내용을 요약한다. "묵은 것에서/ 새 싹 가려내는 연습./ 새 것에서/ 영원한 모습 찾는 연습./ 동시에 우리말에 새 생기 불어넣는 연습./ 그리하여 생긴 것이 이 시집이다."

묵은 것과 새 것에서 영원永遠을 찾아내어 기술한 것이 이 책이다. 그러노라면 시인으로서의 사명인 우리말에 생기를 불어넣는 일도 자연스레 이루어질 것이다.

성 보나벤투라는 영원永遠이란 우리에게 하느님으로부터 오는 고광高光의 빛이 있어야 간파 가능하다고 본다. "고광은 지성을 뛰어넘는 것을 계시함으로써 더 높은 곳으로 인도하기 때문이다. 또한 그것이 '고광'으로 불리는 까닭은 인간의 연구에 의하여 도달할 수 있는 것이 아니라 빛의 아버지로부터 영감으로(per inspirationem) 내려

---

17 「유리알 유희」 부분, 헤르만 헤쎄, (「철학적 서정성의 깊이와 보편성」, 설태수, (「현대시」 2006, 3, 66쪽)

온 것이기 때문이다."[18]라 설파한다.

영원이란 단숨에 도달할 수도 있고 그렇지 않을 수도 있다. 후자의 경우에는 단계를 밟아서 올라가야 한다. 松韻은 그 단계를 점성 정신, 침묵 정신, 관상 정신을 거쳐 무아경에 이를 수 있음을 제시하였고, 성 보나벤투라도 고광高光 이전에 고광에 이르는 단계로 외광(外光, lumen exterius), 저광(低光, lumen inferius), 내광(內光, lumen interius)을 언급한다.[19] 이 빛들은 자연과 인간과 그리스도를 통하여[20] 그리고 그 안에서 하느님을 발견케 하는 원동력이다. 내광이나 저광을 발견하여 그것으로 상위의 빛에 이른다. 하느님으로부터 이미 내려온 (descendit) 빛들을 발견하는 것이다. 이 빛들은 본本 소고小考를 읽으면서 차츰 우리의 삶 안에서 어렵지 않게 파악될 것이다.

1.2. 「점이 진리다」

18　De Reductione p. 42: "quod ideo dicitur lumen superius, quia ad superiora ducit manifestando, quae sunt supra rationem, et etiam quia non per inventionem, sed per inspirationem a Patre luminum descendit."

19　고광(高光, lumen superius)은 구원을 위한 빛이고, 내광(內光, lumen interius)은 영적 진리를 인식하도록 하는 빛이며, 저광(低光, lumen inferius)은 자연을 인식하기 위한 빛이고, 외광(外光, lumen exterius)은 예술의 재능을 부여하는 빛이다.(참조: De Reductione Artium 1)

20　성 보나벤투라는 하느님께 이르는 여정을 자연을 통하여 자연 안에서, 사람을 통하여 사람 안에서, 그리스도를 통하여 그리스도 안에서의 여섯 단계로 제시한다.

"반짝반짝/ 신비神秘 점묘點描./ 우주 저 건너편에서 온/ 별을 보라./ 있는 것은 點이다./ 점이 진리다./ 큰 폭발./ 서리서리 서리는 성령聖靈./ 존재성 팽창무한./ 점이 진리다."

우리는 어찌하여 시인처럼 점點 하나에 이런 감성을 보이지 못할까? 성 보나벤투라에 의하면 우리를 영원에 이르게 하는 매개체로 자연사물을 든다.[21] 자연사물을 매개체로 하여 영원에 이르지 못하는 것은 저광低光 즉 감성적 인식의 빛이 없어서다.[22] 없어서가 아니라 발견하지 못해서다. 발견하지 못하면 없는 것이다. 발견하면 별만 바라봐도 이내 존재성으로 무한 팽창하여 들어간다. 그 존재는 "사람이 못 견딘다./ 후광이 포근하다……세상에서 제일 작은 것./ 있어도 안 보인다……가난이다./ 점이 진리다."

시인은 점에서 가난으로 넘어간다. 가난을 모토로 하는 본 수도회의 이름은 창설자인 성 프란치스코가 지은 "작은 형제회(Ordo Fratrum Minorum)"다. 글자 그대로 더 정확하게 이름하면 "더 작은(minor) 형제회다." 가장 작은 아니 그보다 더 작은, 누가 자신이 나보다 더 작다고 하면 나는 그보다 더 작은, 한 없이 작아지는 형제회다. 지금도 더 작음이 진행되는 진행형의 형제회다. 松韻에 의하면 한 없이 작아져서 최후에는 별처럼 영원에 이르는 형제회라는

---

21 「Itinerarium mentis in Deum」 Ⅰ, Ⅱ.
22 「De Reductione Artium」 p. 36: "lumen inferius, scilicet cognitiones sensitivae."

뜻이 될 것이다.[23]

1.3. 「5:18」

"5: 18./ 다섯 시 십팔 분./ 이것은 거짓말이다./ 시간은 자꾸자꾸 간다./ 18분 할 때/ 벌써 18분 3초다./ 3초 할 때/ 벌써 5초다./ 5초 할 때……아무리 빨리 말해도/ 소용없다./ 그 때는 이미/ 1나노초가[24]/ 10억 번 지나간/ 아득한 옛날이다."

그러고 보면 시간은 없다. 지금이 곧 영원이다. 지금이 곧 영원임을 이 시처럼 알아듣기 쉽게 그리고 영원에 빨려들게 말하는 곳이 없을 것이다. 이 구절을 읽고 나면 누구나 영원의 한 복판에 서 있게 될 것이다.

성 보나벤투라도 기억(memoria)은 무시간적이어서 이미 그 안에 영원성을 간직하기에 시간이 영원을 내포하고 있다고 말한다. 기억도 시간 안에서 일어나는 일이어서 성 보나벤투라는 기억에서 출발하여 시간의 영원성을 도출한다. 기억이라는 것도 지나간 과거에 대한 일일 것 같지만, 사실은 그 바탕과 원리로 영원이 있어야 가능하다는 것이다. "기억은 점(點, 秒, punctum)이나 순간(instans)이나 일

---

[23] 시인의 차남인 성기선 군이 사별한 아버지를 꿈에서 뵙고 "아버지, 이번에 새로 내신 시집 제목이 뭐죠?"하고 여쭈니, "작아진 나"라고 답하셨다고 한다.

[24] 나노(nano): 10억분의 1의 뜻.

자(一者, unitas)같은 연속하는 것이나 변화하는 것의 원리들도 간직한다. 그러한 원리들이 없다면, 이 원리들과 더불어 시작하는 단위들을 회상하거나 생각할 수도 없다."[25] 단위를 언급하거나 생각한다는 것은 그 자체에 영원의 배경이 있어서 가능하다.

1.4. 「풍선 날리기」

"영감적인 너무나 영감적인/ 이 놀이엔 의미가 없다./ 절대의미絶對意味가 있을 뿐이다."

아름다운 풍선 날리기가 단순한 상징을 넘어서 그 자체로 천상세계다. 어린이들의 놀이가 그대로 절대絶對다. 이어서 또 다른 절대絶對 곧 하나가 최후로 모습을 드러낸다. "아, 이때 기적이 인다……바늘 끝만한 것이 계속 보인다./ 빛깔은 이미 없고/ 반짝반짝하는 것./ 대낮별이다./ 아득히 남은 한 별,/ 하는 사이/ 하나가 다시 나타나,/ 두 별이다,/ 하는 사이/ 셋이다./ 최후로/ 이젠 정말 하나다."

여기서도 바늘 끝의 점에서 출발하여 최후로 하나인 일자에 도달한다. 이 일자一者가 우리가 최후로 쉴 곳이다. 위에서 살펴본 것처럼 성 보나벤투라도 가변성의 점點과 그 안에 내포되어 있는 불변성의 일자一者와의 관계를 염두에 두고 시간을 축으로 하여 "점(點, 秒, punctum)이나 순간(instans)이나 일자(一者, unitas)같은 연속하는 것이나

---

25 「Itinerarium mentis in Deum」 Ⅲ, 2.

변화하는 것들의 원리(principia quantitatum continuarum et discretarum)"[26]를 말하였다. 초(秒,點)와 시간과 영원이 동일 선상線上의 원(圓)안에 있어서, 영원永遠이 다시 초秒라는 지금의 점으로 회귀回歸하는 원리다. 시간을 축으로 초와 영원이 강아지처럼 제 꼬리를 물고 도는 형상이다.

1.5. 「연애편지의 무게를 다는 저울」

"벌이 날아 앉은 철쭉의 수술처럼/ 저울 바늘이 가볍게 가볍게 미동한다……님 생각하면/ 가만히는 못 있는 법……그래서 나의 수제품인/ 연애 편지의 무게를 다는/ 이 저울이/ 태어났던 것"

이 세상 사물은 영원에서 생성되었다. 연애편지를 다는 저울은 연애편지에서 나왔다. 그런데 연애편지는 영원에서 나왔다. 연애편지가 저울을 만날 때 생명이 꽃 피어 철쭉의 수술처럼 가볍게 미동한다. 이 순간 영원이 우리의 가슴으로 전달된다. 보이지 않는 영원이 이처럼 연애편지와 저울을 매개로 순환하여 인간에 머문다. 인간의 연애도 영원에서 나왔지만 연애와 저울의 만남이 없으면 영원도 등 비빌 데가 없다. 더 축소하여 연애 하나가 없으면 저울도 없고 영원도 없다.

성 보나벤투라가 말한다. "역으로 물질 안에 있는 물질의 본성은

---

26 「Itinerarium mentis in Deum」 Ⅲ, 2.

지적 이성을 향하여 방향 지워져 있으므로, 이성적 영혼이 물체적 물질과 하나가 될 때에만 생성은 완성된다."[27] 인간이 주체가 되는 연애를 중심으로 시인은 시를 썼지만, 똑같은 주제를 성 보나벤투라는 물질을 중심으로 펼친 것이다. 시인에게는 연애편지와 저울이 만날 때 영원이 완성되고, 성 보나벤투라에게는 저울이 연애편지를 만날 때 영원이 완성된다.

인간이 공을 가지고 놀 때 거기서 영원이 완성되고, 공은 인간이 자신을 가지고 놀 때 영원이 완성된다. 그러므로 인간의 모든 행위가 영원을 낳고, 만물과 함께 영원을 낳는다. 만물과 인간이 하나가 되어 하느님을 찬미한다. 인간의 모든 행위가 하느님께 되돌아간다(reddere).

1.6. 「주문呪文 없이는」

"주문 없이는/ 하루도 못 살아······그것이 내 진통제요/ 팔랑개비요/ 나침반이거든······말이면 다라 믿기에/ 왜냐하면 말은 말씀의 그림자이기에······사실은 이것이 나의/ 유치원 때부터의 버릇이거든."

여기서 주문이란 시인이 주석을 달았듯이 "무의식 중에 무심히 중얼거리는 말" 정도의 뜻을 지니고 있다. 무당들의 주문과는 판이하게 다름을 알 수 있으나, 이 주문이 하늘의 말씀과 맥이 통하니,

---

[27] "Rursus, appetitus, qui est in materia, ordinatur ad rationes intellectuales, un nullo modo perfecta sit generatio, nisi anima rationalis uniatur materiae corporali." (De Reductione Artium 20)

그 효과는 무당들의 주문 이상의 것이다.

성 보나벤투라의 말이다. "고광(高光, lumen superius)에는 세 가지 기능이 있다. 우의적(寓意的, allegoricus)으로는 하늘과 세상 사이에서(de Divinitate et humanitate) 무엇을 믿어야 할지를 우리에게 가르쳐주고, 도덕적(moralis)으로는 우리가 어떻게 살아야 할지를 가르쳐주며, 인상적引上的 내지 신비적(anagoricus)으로는 우리가 어떻게 하느님께 매달려 있어야 하는지를 가르쳐준다."[28]

송운松韻은 말씀만을 믿고 말씀만이 하루의 양식이며, 그의 하찮은 중얼거림까지도 모두가 말씀에 닿아 있는데, 유치원 시절에도 그랬다. 이 시로 미루어 짐작컨대 松韻은 어린 시절에도 고광高光의 빛 속에서 살아간 듯하다. 양羊들이 코를 땅에 박고 살아가듯이, 세상살이에만 골몰해 있는 우리가 하루를 어떻게 보내고 있는지 반성하게 한다. 한 마리의 새가 되어 창공을 날기를 염원하면서도 우리는 코를 땅에 박는다.

1.7. 「하루하루가」

"하루하루가/ 생물이라는 생각이 든다....파동처럼 질서 있게 출렁이며/ 아득히 멀어져가는 저 끝./ 사라지기는 해도/ 결코 죽지 않는 생물들이다./ 존재 안에/ 죽음은 없으므로....그러기에 아무리

---

28 「De Reductione Artium」 5.

작아도/ 하나하나의 사건에/ 태고의 儀式과/ 미래의 桃園夢이 깃든다./ 그러니 어찌 다 헤아릴 건가/ 그 깊이 그 뜻을,/ 그 조짐 그 瑞光을./ 생명 영원 사랑 안에선/ 모든 것이 다 이렇다./ 나도 마찬가지다./ 언젠가는 이승을 떠나겠지만/ 그것은 잠시 겪는 전환일 뿐/ 나의 생명은/ 더욱 선명해질 것이다……그리고 보니 하루하루의 생물이/ 다 지나가 마감하는 인생 또한/ 한 마리의 생물이다."

성 보나벤투라가 인간의 이러한 인식경로를 어떻게 설명하고, 이어서 그것으로 그리스도를 중심에로 어떻게 끌어들이는 지 알아보자.

"아이가 아버지에게서 나오듯이 원형(原型, obiectum)은 원형으로부터(ab obiecto) 나오는 모형(模型, similitudine)을 매개로 하지 않고는 (사람의)감각을 자극시킬 수 없다. 다른 여타의 감각도 이러한 과정이 필연적이다. 모형은 (사람의)감각과 접촉이 없으면 자극 활동을 할 수 없다. 그런데 모형이 자신을 인간의 감각에 결합시키면 인간에게 새로운 지각이 열리고, 이 지각을 통하여 그 모형을 매개하는 원형에로의 환원(reductio ad obiectum mediante similitudine illa)이 이루어진다. 이렇게 모형이 완성되는 때에 모형이 원형의 범위 안에서(in sua comletione) 항상 자신을 산출(産出, gignit)한다. 성부의 모형인 성자를 마음속에 받아들인 우리 각자의 정신은 성자를 통하여 하느님께로 소급된다."[29]

---

29 「De Reductione Artium」 8.

여기에 전제되는 것은 성부에게서 나왔다는 성자에 대한 신앙이다. 그 신앙으로 성자를 통하여 최고의 정신을 얻을 수 있고, 역으로 그 정신으로 성자를 통하여 성부께 완전하게 이른다.

하루가 생물임을 인식할 수 있는 것은 하루 안에 살아계신 하느님의 모상이 각인되어 있기 때문이다. 생명이신 하느님께서 하루에 각인되어 있기에, 하루가 나의 감각을 자극하여, 하루를 생물로 보게 되는 것이다. 지각하는 대상에서 그것이 모형임을 인지하여 그것을 매개로 하여 하느님께 소급하여 오른다. 지각의 대상이 하느님을 반사하는 거울인 셈이다. 모든 감성적 지각은 생래적으로 하느님을 향하여 정돈되어 있어서, 모상을 통하여 하느님을 만나야 휴식에 이르며, 감성의 끝에 계신 하느님을 누린다. 나의 모든 감성적 지각의 시작과 끝에 늘 하느님이 계시니 순간도 하느님을 떠날 수 없다. 오히려 감각하는 순간 거기에 하느님이 계시다. 그것으로 다. 그러나 우리의 감성이 세상살이에만 골몰하든가 아니면 어디에 매어 있으면 감성의 대상에서 모형模型을 발견하지 못한다. 눈이 멀어 있는 것이다.

松韻의 감성으로는 하루만이 아니라 죽음 또한 하느님을 닮아 살아 있는 생물이고, 죽음을 포함한 인생 또한 한 마리의 생물이다. 성 프란치스코도 죽음을 자매라고 호칭하였다. "내 주님, 우리 육신의 죽음 자매를 통하여 찬미 받으시옵소서"[30] 죽음에 감탄하는 프란치

---

30 「해 형제의 노래」 27.

스코다. 자신의 죽음을 그리스도의 죽음을 통하여 삼위일체 안에서 볼 수 있을 때, 자신의 죽음을 통하여 그 안에서 하느님을 볼 수 있기에 죽음 자매를 통하여 찬미를 받으시라는 노래를 부를 수 있는 것이다. 우리도 삼위일체 안에서 어렵지 않게 松韻과 프란치스코처럼 죽음을 찬미하는 노래를 부를 수 있다. 생물만이 아니라 죽음도 예술인 것이다.

1.8. 「금강산 깊은 품이」

"내 가슴 깊은 곳에/ 언제부턴가 세 마리 아직 어린/ 묘한 울림과 뜻을 품어오고 있네./ 오늘 아침 그 세 마리 묘한 울림과 뜻을/ 불러내어 더불어 놀다가/ 아직도 어리다 싶어/ 다시 내 가슴 금강산 깊은 품에/ 넣어 두었네."

여기서 시인이 노래하는 "세 마리 아직 어린 묘한 울림과 뜻" 이란 무엇을 지칭하는 것일까 생각해 봤다. 행여 동양철학에서 말하는 우주를 구성하는 요소인 삼재三才 천지인天地人은 아닐지? 이것이 사실이라면 Ⅰ.7에서 설명한 성 보나벤투라가 말하는 대상과 감성을 지닌 인간과 초월자와의 관계를 가지고 놀다가 품에 넣어 둔 것은 아닐지. 이 추측이 과히 어긋나지 않다 싶은 것은 천지인天地人은 살아 있어서 "마리"라 할 수 있고, 각각은 필연적으로 서로 반응하고 반향하는 관계라서 "울림"이 있으며, 그 "울림"에서 감동의 "뜻" 이 나오기 때문이다. 또한 Ⅱ.9 「현실과 시」에서 "시인의 마음 안엔/ 천지인 삼재三才의 태극이 있다."는 구절이 있어서다. 삼재三才를 Ⅰ.7에서처럼 성 보나벤투라의 관점으로 보아도 괜찮을 성싶다.

1.9. 「경악선驚愕選」

松韻은 사신의 놀램의 이유가 무엇이었을까 의아해 하며 자신이 놀란 여러 경우들을 이 시에서 열거한다. 열거된 경우들을 훑어 보면, 필자가 보기에 깊은 몰두와 침잠과 집중 속에 들어 있을 때에 그것이 외부의 자극으로 방해를 받아서 놀란 경우들이 대부분이다.

시구詩句	필자가 보는 경악의 원인
1. 화장실에서/ 한가하게/ 소변 보고 나서 바지 지퍼를 채우려 할 때/ 별안간 뒤편 여자 화장실에서/ 쏴아 하는 소리가 나니/ 내 고만 크게 놀랐는데/ 지금 생각해도 왜 그리 놀랐는지/ 그 까닭을 잘 알 수가 없다.	일을 보노라 집중되어 있는 상태이기는 하나, 여기서는 부끄러움을 들켰다는 심리가 더 클 것이다. 사실은 추醜에 놀랐다고 할 수 있다.

2. 시상詩想에 달아/ 벌겋게 달아/ 펜이 바쁠 때/ 바로 내 앞에 있는/ 전화 벨 소리에 그만,/ 소스라치게 놀랐으니/ 왜 그랬을까?	여기서는 관상의 상태가 방해를 받아서라고 볼 수 있다.
3. 오후/ 학교/ 연구실/ 소파에서/ 단잠 잘 때/(물론 앉은 자세로)/ 반갑잖은 똑 똑 똑/ 노크소리./ 이때 내가 놀라는/ 이유는 알겠다.	단잠이 깨는 순간에 놀랐다는 말인데, 사실은 이것도 잠에서 깨어나서라기보다 단잠에 집중되어 있다가 노크소리에 그만 집중이 방해를 받아서 놀란 것이라고 볼 수 있다.
4. 벌써 여러 해 전/ 영국 옥스퍼드의 성 알로이시우스 성당에서/ 천상모후이신 성 마리아께 기구 드리고/ 기구가 제법 잘 됐다 싶은 기분으로/ 돌아서려는 순간/ 하늘에서인지 어디에선지/ 칼날처럼 예리한 소리./ 바람 소리도 아닌,/ 휘파람 소리도 아닌……그 소리는 초 칠한 마룻바닥과/ 내 신 고무창이 마찰하는 소리임을 알게 되었지만……	명확히 관상의 상태가 방해를 받은 것이다.

5. 고마운 영국인/ 로데릭 휘트필드 교수에게/ 인사 편지 못 내고 조마조마하던 차에/…… 다시 「한국미술 오천년 전」의 카탈록을 받았으니/ 이때의 놀람은……	이것도 사실은 깊은 집중은 아니어도 마땅히 인사를 드려야 하는 예禮를 갖추지 못한 미안함이 계속되는 어느 정도 집중되어 있는 상태다.
6. 북한강/ 짙은 안개 속/ 태양은/ 전구 5촉 정도라'/ 좋은 기회라/ 마음 놓고 태양 보기를/ 장난감 보듯 할 때/ 어디선지/ 쏜살처럼 날아와/ 태양 한복판을/ 정통으로 관통하고 사라지는 검은 새./ 내 놀랐다.	여기서도 관상의 상태가 방해를 받았다.
7. ……구상具常 선생님 집필하시는 책상 바로 앞에 나 있는/ 작은 남향 창에서/ 쏟아져 들어오는 햇살의 무리……이때의 나의 놀람은/ 차라리 황홀한 발견이었다.	이는 선善의 발견에서 오는 놀람이다.

8. 잠깐 일을 보고 돌아오니/ 연구실 방문이 막무가내로 안 열린다…… 이상한 생각이 들었다./ 도깨비가 안에서 장난을 하는 걸까?/ 그렇게 한참을 난처하게 있다가 /알았다./ 이 문은 밖으로 잡아당기는 문이 아니라/ 안으로 밀어 여는 문이다.	이 경우도 문을 여노라 집중되어 있는 상태이기도 하지만, 그보다는 오진誤診에 놀란 것이다.
9. 이게 으악새 풀인가?/ 하며 보니/ 깨알은 어림도 없고/ 바늘 끝만한/ 아주 눈꼽만한 이슬들이/ 이파리 전면에 쫙 깔려 있는 것이/ 은하의 별의/ 수효보다 많은 듯./ 이야말로 이슬의 삼천대천세계로다./ 아아, 놀랐다.	이것은 미美의 발견에서 오는 놀람이다.

집중이란 집중 대상의 질과 무관하게 점點에서 영적으로 한 걸음 더 깊이 들어간 침묵의 상태다. 하물며 그 대상이 진선미眞善美일 경우에는 놀람이 더 크다 하겠다. 성 프란치스코도 선善을 발견할 때마다 이렇게 노래한다. "당신은 선善이시고 모든 선善이시며 으뜸선이시나이다."[31] 선善에 대한 놀라움과 감탄이 그 안에 있어 보인다. 그러나 바람직하지 못한 대상(술, 담배, 도박, 섹스 놀이, 인터넷……)에 빠졌다면, 빠져있는 집중상태를 매개로 하여 거기서 돌아 나올 수 있다. 이것도 하나의 회개다. 바람직하지 못한 대상에 빠져 있다고 해도 실은 하느님 나라가 거기에 가까이 있다. 시간이 다 되어 "때가 되어 하느님의 나라가 가까이 왔다. 회개하고 복음을 믿어라."(마르코 1,15)

1.10. 「셋잇단음표에 대하여」

"안톤 부르크너의 /교향곡 제4번의 어느 주제에서/ 4분음표 둘 다음에/ 4분음표 둘을/ 셋으로 쪼개는 악구樂句가 이어지는데/ 이상하게 아름다운 그 느낌의 비밀이……" 이 시에 대한 이윤택씨의 시평詩評을 들어보자.

"'이상하게 아름다운 그 느낌의 비밀이/ 나를 놓지 않는다./ 지하철에서도 나를 따라다니고/ 술집에서도/ 노란색 가로등에서도/

---

[31] 성 프란치스코의 기도문 「지극히 높으신 하느님께 드리는 찬미」, 5.

신록의 숲에서도/ 어디에서나 따라다니는데' 이 묵상의 깊이는 의미나 힌트로서가 아니라 온몸의 느낌 그대로 발성된다. 시인은 시를 쓰는 게 아니라 자신의 느낌을 밟고 춤추는, 혹은 비대상의 오케스트라를 이끄는 지휘자가 된다. '둘,/ 이어 /셋으로./ 이상한 노을이다./ 따안따안하는 길이로 타박타박타박.' 시인은 선율의 느낌과 함께 움직이면서 생각한다. <이상한 노을이다>라는 느낌이야말로 안톤 부르크너의 교향곡에서 파생된, 그러나 교향곡과는 상관없는 시인 성찬경의 독자적 감각이다. 이 시인의 독자적 상상력은 여기서부터 무한대로 폭발하기 시작한다. '행성. 혜성. 충돌. 몰입. 몸뚱이. 머리……0.333333333……가열하다. 부드럽다./ 숲 속이다. 폭포다. 바람이다.' 여기서 의미론적 언어는 해체된다. 이미지의 연쇄반응이 돌출시키는 단어들이 자유롭게 튕겨 올라 지면에 탁탁 박힌다. 이 단어와 단어들 사이에 서술적 의미는 지워진다. 이어지는 것은 느낌의 주술적 연계 같은 것뿐이다. 이 느낌의 연계가 닿는 지점은 어디인가. '허사虛辭다. 동사다./ 껍질 벗는 영혼이다./ 울림이 열림.' 이 마지막 부분은 성찬경의 시학 같은 집약적 의미를 지닌다. 허사虛辭다 - 시는 관념이 아니다. 시는 의미가 아니다. 시는 서술적 구조가 아니다. 시의 핵은 일체의 의도성과 당위성과 청유법請誘法이 배제된 세계다. 왜냐하면 이런 것들은 허사이기 때문이다. 동사다―시는 고정화된 이미지가 아니다. 박제된 상상력의 가공품이 아니다. 시는 움직이는 실체적 느낌이며, 끊임없이 파도치며 흐르는 일상 속의 삶 의식이다. 껍질 벗는 영혼이다― 누드. 그렇다. 시는 삶의 원초적 다이나미즘이다. 일체의 현상적 노예근성과 습관을 벗어 던지는 그 자리에 남는 울림이다. 울림이 열림 - 이 깊이로서의 울림은 수평공간으로 확산된다. 지상의 삶으로 퍼져나가면서 무조건적인 감동을 획득한다. 여기서 우리는 <열렸다>는 삶의 해방감을 느낄 수 있는 것이리라."[32]

松韻만이 아니라 인간이 바라는 종착역은 <열렸다>는 삶의 해방감이다. 이 해방감이 4章 「똥」에서 전개된다.

1장의 마무리

"나는 알파이며 오메가이고 처음이며 마지막이고 시작이며 마침이다."(묵시록 22:13) 이처럼 처음이며 마지막이라고 하는 분의 나라가 또 끝이 없다고 한다. "그분의 나라는 끝이 없을 것이다."(루카 1:33) 이로써 그분이 점點이라는 사실이 밝혀졌다. 이러한 점과 요소는 그 자체로 빛을 낸다. 발광체發光體인 것이다. 성 아우구스티노도 창세기 주석 3권에서 원소 자체의 빛의 성질(lux in suae proprietatis eminentia)을 논한다.[33] 점과 요소가 될 때 거기에서 빛이 난다. 이 빛은 관상하지 않을 수 없다.

---

32 「느낌에서 언어형상에로의 온전한 이행」(성찬경의 「셋인단음표에 대하여」), 이윤택, 현대시학 1988년 12월호)

33 「De Reductione Artium」 3

2장 「논 위를 달리는 두 대의 그림자 버스」의 영적 내용

　침묵 정신이 주축을 이루는 2장에서는 1장의 점성 정신이 진화한다. 점點이 모여 선線을 이룬 상태다. 이제 길이 뚫렸다고 할 수 있다. 이 길로만 마음 편히 달리면 된다. 성 보나벤투라의 말대로 "모든 점(點)을 밝힌 사람은 유익한 것과 즐거운 것을 결합한 사람이다."[34] 점에서 유익하고 즐거운 침묵이 오는 것이다. 침묵은 점성의 뒤를 따라다닌다. 침묵과 관상도 확연하게 구분할 수 없다. 침묵을 하면 관상이 그 뒤를 절로 따라오기 때문이다.

2.1. 「아아아아아아아아아아」

　"양지바른 남향 창에서/ 쏟아져 들어오는 햇살을/ 나도 모르게/ 눈을 감고/(햇살은 더욱 눈부신 꽃다발)/ 입을 딱 벌리고/ 아아아아아아아아아 /하며/ 마치 요가 하는 사람의 자세로/ (저절로 그렇게 되는 것이었다)/ 들이마셨다……나의 안 속속들이/ 육신과 영혼의/ 무한한 자양이/ 무량한 행복감이/ 스몄다."

　눈을 감고 침묵에 들어 육신과 영혼이 무량한 행복감에 든다. 침묵에 행복이 있어서다. 그러나 햇살이 물리적으로만 좋다면 성 보나벤투라에 의하면 그것은 저광底光이 없어서 그런 것이다. 저광이

---

[34] "Omne tulit punctum qui miscuit utile dulci."(「De Reductione Artium」2)

있어야 무량한 행복감에 든다. 저광을 알아보자.

사람이란 물질계에서 살아가는 영靈을 입은 물질이다. 반대로 육肉의 옷을 입은 영靈을 예수 그리스도라 할 수 있다. 영과 육 중에서 어느 쪽에 비중을 더 두던, 인간이란 존재에 대한 타고난 지식이 없어서 물질계에서 오감五感을 통하여 존재와 관련된 정보를 수집할 수밖에 없는 입장이다. 그런데 성 보나벤투라가 말한다. "빛이 오감을 작동하게 한다. 오감의 작동은 빛의 작용이다"[35] 이어서 "저광이란 오감의 대상들을 지각하도록 우리에게 조명하는 감각적 인식의 빛이다. 이 빛은 오감의 수에 맞추어 다섯 가지다."[36] 존재의 정보를 수집하려는 주체인 오감은 빛을 받아야 작동한다. 좋은 느낌이건 나쁜 느낌이건 무엇을 느낀다는 사실은 이미 빛을 받은 것이다. 일종의 서치 라이트(search light, 탐조등)를 받은 것이다. 눈을 도구로 하여 빛이 나가는 것이다. 이는 물리적인 빛과 달리 인지되지 않는 빛이다. 이 인지되지 않는 빛을 인지해야 한다.

단순한 물리적 감각의 대상인 빛만이 아니라 이러한 저광을 알아봐야 이 세상에서 오감을 매체로 천상세계로 완전한 전이轉移가 이루어진다. 松韻도 「프리슴」에서 오관을 노래한다. "다섯 개의 나의 창엔 스테인드글래스가 박히고/ 넘나드는 파동은 눈부시게 치장되

---

35 Ⅱ Sententiae, Bonaventura 13, 32 (32의 다소 긴 설명을 요약하면 위의 두 내용이 된다.)

36 「De Reductione Artium」 3

어 <프리즘, 제 31-32항>"[37] 시인은 오관을 매개로 자신의 존재를 천상세계로 전이하는 순간을 맞이하고 있다.

2.2. 「무어가 한번」[38]

"무어가 한번 구멍을 뻥 뚫고 나니/ 모두가 따라서 구멍을 뚫는다…… 구멍의 매혹이 어디에서 오는 걸까?/ 그 내력이 얼마나 길까?/ 굴속/ 어둠에 꿈./ 빵 뚫린 창문./ 신비관문神秘關門/ 저 너머./ 아 빛이 스민다./ 구멍의 여명黎明이다."

모든 것이 통과하는 구멍은 받아들임이고 교환이며 침묵의 소통이다. 인간이 함께 살아가면서 서로 아우성을 친다면 소통하지를 못 해서, 말하자면 구멍이 없어서 상대방에게 구멍을 내라고 아우

---

37 「인식과 찬미(성찬경의 시세계)」 박희진, (「영혼의 눈 육체의 눈」, 성찬경, 고려원 (1986) 262쪽). 「프리즘」은 1956년 8월에 「문학예술」지에 실린 시로써 시인 고 조지훈님의 세 번째 추천 작품으로 이것으로 그는 등단을 마친다. 당시가 26세였다. 고 조지훈님의 추천사가 궁금하다: "이 프리즘"은 심리학 위에 기조를 둔 사상으로서 슈르레알리즘의 꿈을 주지적 의미의 상징주의와 방법으로써 엄밀하게 계량한 것임을 알 수 있다. 물리적으로 비유(非有)인 음향과 색채의 순수파동을 질적으로 불가사의하게 전환시키는 정신의 작용을 황홀한 은유로써 구성하고 분해하였다. 다섯 개의 창문은 바로 5관! 그것이야말로 프리즘이 아닐런가. 다섯 개의 창이 받아들인 것을 제대로 전환시키는 자(者)는 무엇인가. 한자와 한글의 고어적 대비, 대비적 어휘의 교착, 없어진 "ㅿ"의 부활 등 그의 시상을 위한 노력을 일단 승인하지 않을 수 없다. 成君은 이내 마르지 않을 시심의 보고를 지니고 있다. 애써 발굴하고 또 연마하라."

38 Henry Moor((1898-1986) 영국의 조각가.

성을 치는 것일 것이다. 헨리 무어가 이 구멍을 뻥 뚫었고 그리스도를 뻥 뚫어서 조각하여 들판의 양떼 앞에 놓는다. 그리스도는 아예 없는 사람이다. 존재감이 없는 사람이다. 그래서 존재감이 더 크다.

그리스도를 스승으로 모시는 프란치스코는 복음을 인용하여 옳은 것을 포기하는 것이 옳음이라고 한다. 존재감이 없는 사람이 그리스도의 제자다. "자기 소유를 다 버리지 않는 사람은 내 제자가 될 수 없다.(루카 14,33) 그리고 정녕 자기 목숨을 구하려는 사람은 목숨을 잃을 것이다.(루카 9,24) 자기 장상의 손 안에서 순종하기 위해 자기 전부를 바치는 사람은 가지고 있는 것을 모두 버리고 자기 몸을 잃는 사람입니다."[39] 인간의 죄 앞에서 마땅히 따지고 벌해야 할 예수 그리스도의 죽음이 바로 이런 죽음이다.

성 보나벤투라는 말한다. "'이성을 지닌 피조물은 어두운 눈으로만 보게 된다.'[40] 그러므로 우리를 성부께로 돌리려고 영원하고 비가시적非可視的인 분이 육화됨은 지극히 마땅했다. '아들 외에는 그리고 그가 아버지를 드러내 보여 주려는 사람 외에는 아무도 아버지를 알지 못한다.'(마태 11:27)"[41]

---

39 성 프란치스코의 「권고」 3:1-3.
40 자기 중심으로만 본다.
41 「De Reductione Artium」 12

2.3. 「미시시微視詩」

"미시시./ 우주시(宇宙詩)와/ 쌍둥이./ 원자핵……우주엔/ 거대한 우주시와/ 아주 작은 미시시가 있다./ 그 중간쯤의 시가 지구다./ (오오, 이 인연 /지구와의 만남.)/ 유일무이한 걸작,/ 이를 데 없이 희귀하고 영묘한 시./ 그게 지구다"

여기서 말하는 미시시는 원자핵이고, 우주시는 우주다. 지구는 그 중간쯤의 시다. 우주 자체가 시요, 지구 자체가 시다. 이 말 없는 침묵적 존재들이 어찌하여 시성詩性을 지니는가? 이들이 말 없는 침묵이신 하느님의 작품들이기 때문이다. 하느님은 만물을 만들 때 자신을 그 안에 넣는다. 성 보나벤투라가 말한다. "예술가는 작품을 만들 때 마음에 있는 그 어떤 원형原型을 작품으로 창출해 낸다. 만일 예술가가 사람들로 하여금 예술가 자신을 사랑하고 알아볼 수 있게 하는 작품을 만들어낼 수 있다면 그는 틀림없이 작품을 그렇게 만들 것이다."[42] 하느님은 우주만물을 시성詩性이 가득하게 하여 자신을 사랑하고 알아볼 수 있게 만드셨다. 그렇게 하여 사람들이 우주만물을 통하여 당신을 찬미하도록 만드셨다. 그래서 우리는 우주만물을 통하여 하느님이 시인임을 알게 되었다. 뿐만 아니라 예수님이 시인임을 알게 되어 하느님도 시인임을 알게 되었다.[43]

---

42 「De Reductione Artium」 12
43 참조:「예수님은 시인」(영혼의 눈 육체의 눈 164쪽)

2.4. 「재미에 신들리면」

"재미에 신들리면/ 아무도 못 말린다./ 몸이 바스러져도/ 밀고 나간다./ 천사도 못 말리고/ 악마도 못 말린다./ 흙을 금강석으로 별로 바꾼다./ 홉으로 되로/ 말로 쌓인다./ 세상 사람이/ 허공의 재미 볼 때/ 홀로 신음한다."

우리가 일상적으로 느끼는 재미, 소위 오감을 통해서 들어오는 재미를 성 보나벤투라는 어떻게 보고 있으며, 또한 그것들을 어떻게 처리하였을까? "우리가 즐거움을 관상할 때 우리는 하느님과 영혼의 일치를 보게 된다. 모든 감각은 열렬히 그것에 적합한 감각적인 것을 추구하다가 즐거움과 더불어 그것을 발견하고는 권태를 느끼지 않고 그것을 반복한다. 왜냐하면 '눈은 보아도 만족하지 못하고 귀는 들어도 가득 차지 못하기(코헬렛 1:8)' 때문이다. 이런 식으로 우리 마음의 감각이 아름다운 것이나 혹은 듣기 좋은 것이나 혹은 냄새 좋은 것이나 혹은 맛좋은 것이나 혹은 부드러운 것을 갈구하며 찾다가 기쁘게 발견하고는 쉬지 않고 반복한다."[44]

재미가 하느님이다. 그래서 그렇게 좋은 것이다. 아버지가 아이에게 장난감 자동차를 사주듯이, 하느님은 우리에게 오감의 재미를 가지고 놀라고 주셨다. 우리가 오감의 재미를 하느님께서 사랑으로 주시는 당신의 지혜임을 알지 못하면 재미에만 몰두하여 소위 쾌락

---

44 「De Reductione Artium」 10

이 되지만, 하느님의 지혜임을 알면 재미를 통과하여 초월한다. 이것이 고광高光을 받은 상태다. 말하자면 그 재미를 나의 것으로 하지 않은 상태다. 우리는 일상日常에서 매일 선善이신 곧 재미이신 하느님을 누리며 산다. 그러나 장난감 자동차에 정신이 팔려서 장난감을 사다준 아버지의 사랑은 안중에도 없는 아이가 바로 우리가 아닐지. 장난감 안에 아버지의 사랑이 깃들어 있는 줄을 모르는 아이가 아닌지.

프란치스코는 이 재미있는 장난감 자동차를 나의 것으로 하지 않았기에 거기에 매이지 않을 수 있었고, 결과적으로 하느님께 돌려드렸다. 나의 것이 아니기 때문이다. "온갖 좋은 것을 주 하느님께 돌려드리는 종은 복됩니다. 실상 어떤 것이라도 자신을 위해 묻어두는 사람은 자기 주 하느님의 돈을 자기 안에 숨겨 두는(마태 25,18) 사람이 되며, 가진 줄로 여기고 있는 것마저 빼앗길 것이기(루카 8,18) 때문입니다."[45] 모든 낙樂들을 나의 것으로 하지 않을 때, 그 낙樂이 선善이 되어 진정으로 그 선善을 즐기게 되지만, 낙樂들을 나의 것으로 하면 악惡으로 둔갑한다. 이렇게 되면 낙樂은 재미있기는커녕 평생 짐이다. 지나간 과거의 재미까지 그리워하며 재미를 찾는 타락한 사람이 될 것이다.

松韻도 하느님이신 선善을 일상의 기쁨으로 누리기는 하였으되, 한 차원 올라간 침묵의 재미인 "허공의 재미"를 언급하는 것을 보

---

45 「권고」 18: 2.

면 침묵으로 넘어갔음을 알 수 있다. "흙을 금강석으로 별로 바꾸었고 그것이 쌓이고 쌓여 "홉이 되로 말로 쌓였다." 하늘나라의 재미인 "허공의 재미"는 좋음이 넘쳐 "신읨"한다. 성 프란치스코는 마지막에 이 "허공의 재미"까지도 돌려드려야 한다고 말한다. "항상 그분께 찬미와 영광과 영예와 찬양과 온갖 선을 돌려드립시다."⁴⁶

2.5. 「미묘한 동기에서」

"미묘한 동기에서 꿈의 싹에 불이 켜져/ 이 불이 내 빵과 영예에 반달만큼 먹칠을 하지만……먼데서 들려오는 천둥의 장단에 내 영혼의 불이 들떠……털벌레가 나비 되는 만화도 신화 같고 신화도 만화 같다./ 다들 풀이 무성한 언덕에서 파란 찬미를 풍긴다."

"현실적으로 손해도 많이 보지만 돌아오는 보람도 적지 않다."는 예술가의 삶을 읊은 시라는 松韻의 주석이 달려 있는 시다. 자신이 시를 쓰게 되는 시상詩想은 자신도 모르게 떠오른다. 자신의 의지와 무관하다. 하나의 운명으로 시를 쓰는데 이게 그만 궁핍도 몰고 온다. 실로 애석한 일이라 하지 않을 수 없는 현실이다.

그러나 성 보나벤투라는 "모든 예술은 위로하고 기쁘게 하고 유익하게 하는데 봉사한다."⁴⁷고 한다. "시인은 유익하게 하거나 즐

---

46 「프란치스코의 수난 성무일도」
47 「De Reductione Artium」 2

겁게 해 주려 한다."[48]고 한다. 그렇기에 시는 누구나 쓸 수 있지만 시인은 아무나 되는 것이 아니다. 시인은 주변을 정신적으로 즐겁게 하려는 예술의 빛을 받아야 될 수 있기 때문이다.[49] 이 외광外光은 주변을 밝게 하려는 마음만 있으면 열리는 빛이다. 이 빛을 즐기는 사람들이 시인들이다. "다들 풀이 무성한 언덕에서 파란 찬미를 풍긴다."

2.6. 「삼계에 뚫린」

"삼계三界에 뚫린 기묘한 길을 오래 헤맨 마음과 마음이/ 서너 번쯤 스치는 사이 하늘과 땅이 부딪힐 때 이는 거룩한 불꽃의/ 불똥이 튀어 라듐처럼 함께 타기 시작하여"

이렇게 시작되는 시가 사실은 "부부의 인연이 이 시의 주제이며 또 줄거리"라고 松韻이 주석을 단다. 부부의 인연이란 삼계가 열려 하늘과 땅이 부딪힐 때 맺어진다는 것이다. 이는 시인 서정주의 "국화 옆에서"의 시작 글보다[50] 하늘의 침묵의 농도가 훨씬 짙다. 하기는 국화 한 송이를 피우는 것보다 사람들 사이에 부부의 인연을 맺

---

48 Epist. ad Pisones sive de arte poetica, V.333; seq.
49 "Primum igitur lumen, quod illuminat ad figuras artificiales."(De Reductione Artium 2)
50 "한 송이의 국화꽃을 피우기 위해 봄부터 소쩍새는 그렇게 울었나 보다. 한 송이의 국화꽃을 피우기 위해 천둥은 먹구름 속에서 또 그렇게 울었나 보다……"

어주는 일이 삼계三界에 훨씬 더 큰 일일 것이다.

삼계三界가 하느님의 소관이라면 부부의 인연은 말 할 나위 없고 모든 은총과 선물은 하느님으로부터 온다고 성 보나벤투라가 말한다. "'온갖 좋은 선물과 모든 완전한 은사는 위에서 옵니다. 빛의 아버지에게서 내려오는 것입니다. 그분께는 변화도 없고 변동에 따른 그림자도 없습니다.'(야고보 1:17) 야고보는 그의 편지 제1장에서 이처럼 썼다. 이 말씀은 모든 조명의 근원에 관한 말이고 동시에 이렇게 해서 다양한 빛은 이 빛의 근원에서 아낌없이 (liberalis) 흘러나온다는 것이 암시되어 있다."[51] 빛이 지금 아낌없이 흘러나옴을 볼 수 있는 자는 복되다.

사람이 살다보면 "금슬에 금이 가/ 꼴 사나운 매듭을 풀지 못해 간격을 두고 신음으로 메아리 하기도" 하겠지만 부부의 인연을 가볍게 보아서는 아니 될 것이다. 좋은 관계이든 그렇지 못한 관계이든 부부의 인연 자체로 그 안에서 흐르는 빛을 보아 하느님을 만난 사람은 삼계三界를 뚫는다.

2.7. 「저 두엄이 왜 그렇게 아름다운가」

"저 두엄이 왜 그렇게 아름다운가./ 모양 빛깔 질감(質感)하며/ 양감量感하며/ 아름다움의 으뜸이다……저 두엄이 왜 그렇게/ 보

---

51 「De Reductione Artium」 1

는 이의 넋을 앗아가는가./ 그 비밀을/ 오늘 나는 다시 한번 깨닫는다./ 저 두엄 안에 사랑이 배어 있다./ 해 사랑/ 땅 사랑/ 무엇보다도 농부의 사랑이/ 흠뻑 배어 있다……오늘 나는 나의 공식을 완성한다./ 그것을 아인슈타인의 공식 옆에/ 나란히 놓아 보면/ 사랑=시간/ ……풀,/ 짚,/ 사람 똥오줌,/ 가축 똥오줌,/ 무슨 무거리 따위 온갖 잡살뱅이가/ 모두 썩여 푹푹 썩고 농란(濃爛)히[52] 곰삭아 /독했던 만큼 짙은 자양이 된다."

 썩는 침묵의 아름다움이다. 깊은 침묵은 구원이다. "독했던 만큼 짙은 자양이 된다." 여기서도 썩는 침묵의 아름다움을 느끼지 못함은 구원의 진리를 이해하도록 하는 고광(高光, lumen superius)이 없어서다. 썩는 침묵의 아름다움을 느끼지 못한다면 십자가에서 돌아가시는 그리스도의 죽음도 무의미하게 다가올 뿐이다. 이는 한번 죽고 거기서 빛을 느끼지 못하면 느낄 수 없는 빛이다. 너무 괴로워 죽고 싶을 지경일 때 사실은 빛이 있어서 괴로움을 느끼는 것이다. 이 느끼는 것이 빛이다. 괴롭다는 것은 현재 빛을 받고 있다는 뜻이다. 이 점을 알고 썩을 때 침묵이 아름다움이다.

2.8. 「상대성 원리와 사랑」

 "요컨대 어떤 상황에서도 빛의 속도가 불변이라는/ 관측 결과를

---

52 "농란(濃爛)하다": 무르익다. 농익다. (국어 대사전, 민중서관)

설명하기 위해선 서로 움직이는 두 물체의/ 시간과 공간이 늘거나 줄거나 하는 수밖에 없다…… 질량이 있는 곳에선/ 공간이 휜다./ 빛도 지나가다가 끌려/ 휜다……나긋나긋 유방의 능선처럼 휜다./ 말랑말랑 신축자재한 유기질 좌표./ 피의 생리가 스민 '사랑의 큰 마당' 아닌가./ 우주 만세."

상대성 원리로 인간적 사랑을 이해한 松韻이다. 이를 이렇게 말할 수도 있을 것이다. 松韻은 사랑을 하면서 우주로 날아갔다고. 그런데 이 세상에서 저 세상으로 직행하는 직접적인 전환이 성 보나벤투라 사상의 핵심이다. "아나고지아(anagogia, 신비진입, 끌어올려짐)를 통하여 조명은 그 출발점이 되는 하느님께 소급된다. 그리하여 거기서 원(圓, circulus)이 완성되고 여섯 수가 완성되어 고요한 평화의 상태에 이르게 된다."[53] 여기서 원이 굴곡 없는 원으로 완성되기 위해서는 중심을 그리스도가 잡아주어야 한다. 그렇지 않으면 단번에 오를 수가 없다. 단번에 올랐다고는 하지만 굴곡이 있는 경우를 주변에서 허다하게 볼 것이다.

---

[53] 「De Reductione Artium」 7: "Et ideo ibi completus est circulus, completus est senarius, et propterea status." 성 보나벤투라의 원(圓) 사상은 만물이 점(點)에서 나와서 그리스도를 통하여 원을 그리며 하느님께 다시 돌아가는데, 그 한복판의 점(點)에서 그리스도의 십자가가 축을 이루어 준다는 사상이다. 이렇게 해서 완전한 회귀(回歸)가 이루어지면, 거기에서 우리는 고요히 쉬게 된다. 숫자 6은 보나벤투라에게 완전한 숫자를 뜻하며, 여기서도 6일 창조 후에 고요한 휴식이 따라온다.(참조: Ewert Cousins, 「Mandala Symbolism in the Theology of Bonaventura」, Cord 21)

2.9. 「현실과 시」

"1 차를 타고 갈 때/ 운전하는 사람이 갑자기 브레이크를 밟으면……우리의 몸은 앞뒤로 흔들린다./ 그것은 보기에 따라서는/ 깨끗하고 아름다운 단진동이다. 2 시를 쓸 때/ 처음 어딘가에 구두점을 찍어/ 호흡에 한번 제동을 걸면/ 그렇게 뒤뚱거린 장단의 여파는/ 출렁이며 출렁이며 끝까지 간다……초고에서 출렁인 파문은/ 탈고 때는 물론/ 재판, 선집, 문고판, 전집이 나올 때도/ 명맥을 유지한다. 3 차를 타고 어딘가에 가는 일이나……현실엔 현실의 리듬이 있다……현실에서 가정법은……부질 없는 일이다……이 자리엔/ 사랑이 있다. 3 힘의 얼개와/ 얼의 얼개 사이엔 엄연히/ 불연속의 연속의 대응이 있다……시인의 마음 안엔/ 천지인 삼재三才의 태극이 있다. 5 왜 시를 쓰는가?/ 시는/ 하늘나라 어딘가에 멀리 스민/ 우리의 뿌리 더듬기다."

현실을 그대로 받아들이지 않으면 거기에서 가정법이 생긴다. 반면에 현실을 그대로 받아들이는 침묵은 그 자리에서 사랑을 발견한다. 사랑이란 다른 것이 아니다. 현실에 가정법을 첨가하지 않으면 현실은 아무 흔적도 남기지 않고 현실을 보내신 하느님께 그대로 돌아간다. 하느님과 현실, 그리고 현실을 받아들인 사람이 삼각관계를 형성한다. 이때 성 보나벤투라가 말하는 고요와 사랑이 발생한다.

"우리는 예술작품이 정신 안에 있는 동일형상(similitudine existente)을 중개로 하여 예술가로부터 출발한다는 것을 안다. 예술가는 그가 무엇을 만들어내기 전에 이러한 동일형상을 통하여 그것을 생각해낸다. 외적 작품을 가급적 완전하게 예술가의 내적 원형에 맞추어서 그 작품을 창출해 낸다……그러나 만약에 작품이 매개하는 작가의 정신을 통하여 작품을 보는 자가 원형原型에 이르지 못한다면, 원형이 직접 작품으로 내려올 수밖에 없다. 영원한 말씀이 내려올 수밖에 없다."⁵⁴ 우리의 뿌리 그리스도는 현세에 하느님의 작품으로 내려왔다. 놀랍게도 평화가 내려왔다. 나의 눈앞의 현실도 하느님의 작품으로 내려왔다. 어떤 현실 앞에서도 평화롭다.

2.10. 「논 위를 달리는 두 대의 그림자 버스」

이 시에 대한 이경호 시인의 말을 들어보자. "성찬경이 쓴 이 시의 매력은 우선 인간의 모든 감각을 한 사물의 모습에서 찾아내는 데에 있다……우리는 이 시의 중요한 의미상의 징후를 "논을 마구 쓸고 가도/ 풀 하나 흔들리지 않는다./ 마구 훑어도/ 검은 흙 한 톨 튀지 않는다."에서 찾아야만 한다. 시인은 단지 버스의 그림자 속에서만 의미를 찾으려고 하는 것이 아니라 <달리는> 상황과의 관계 속에서 그림자의 의미망을 포착하려고 하는 것이다. <달리는> 동작이 <풀 하나 흔들리지> 않게 하며, <흙 한 톨 튀지> 않게 하는 시각적 완벽성을 보여 줄 뿐만 아니라, <소리 하나> 내지 않는 청각적 완벽성도 보여주고 있다. 이 시각적 완벽성은 다시 높고 낮은

---

54 「De Reductione Artium」 12

장애물을 매끄럽게 오르내리는 버스의 그림자를 악보 음표의 높낮이로 보게 만들고 버스 그림자의 <둥그스름>한 모양이 매끄럽게 이동하는 모습은 시각적, 청각적 완벽함을 갖춘 <신동의 악보>로 비유되고 있다. 그 다음 행의 "착 붙어 논을 핥는다."는 표현은 이 시의 백미와 같은 부분이라고 할 수가 있다. 시인은 버스의 그림자가 논 위로 포개어진 채 움직이는 모습 속에서 음식을 핥고 있는 혀의 모습을 발견해 낸 것이다. 시각이 자연스럽게 미각으로 전환되는 장면이다. 뿐만 아니라 논을 핥는 혀의 맛을 <전내기 진간장>이라 표현함으로써 지극한 맛의 효과까지 표현해내고 있다. 다음 부분의 "논과 그림자 버스는 알몸과 알몸"이라는 표현도 절묘하다. 그림자와 논이 완벽한 평면으로 펼쳐진 모습 속에서 촉각을 통한 관능적 낌새를 찾아내고 있기 때문이다. 그리고 그 다음의 네 행, 즉 "납작한 밀착이다./ 철저한 천착이다./ 완벽한 이별이다./ 흔적은 무구無垢다."에 이르러서는 촉각과 시각의 결합된 모습 속에서 관념적인 의미까지를 찾아내려고 한다. 감각과 관념, 혹은 감성과 지성의 결합은 이질적인 요소의 결합이라는 점에서 언뜻 부자연스럽고 낯설게 보이지만 이러한 결합이 교묘하게 이루어지고 있으므로 통합된 감수성의 표현은 오히려 싱싱하고 입체적인 의미를 구성해 독자에게 보여준다."[55]

---

55 「매력 있는 시, 재미있는 시를 읽는 즐거움」 이경호, <현대시학>1989년 3월호.

평론가가 상론詳論한 바와 같이 이 시에는 시인의 오감이 한껏 작용한 작품이고, 그 작용의 열매를 한껏 누린 작품이다. 우리는 오감을 통해서 세상을 누린다. 말하자면 보이는 것이 보는 나를 가득 채우고 있으며 보는 나는 사라지고 소위 보이는 대상이 나를 채운다. 나만 사라지면 가히 환상이다. 본다는 것은 보이는 것을 주체가 되게 하는 행위인데, 이 행위가 나를 몰아내고, 몰아냄과 동시에 환상이다. 감각한다는 것은 감각되는 것을 즉 맛, 소리, 사물, 촉감, 냄새가 주체가 되게 하는 행위다. 그러므로 오감 행위 자체 안에서 초월에 이른다.

성 보나벤투라는 "감각 세계 전체가 하나의 거울이어서, 이를 통해서 만물의 최고 조성자인 하느님께 올라간다."[56] 5감을 통해서 들어오는 세상 자체가 하느님의 거울이기도 하고, 오감 행위 자체가 거울이기도 하다. 이 점이「논 위를 달리는 두 대의 그림자 버스」에 선명하게 부각되었다. 보이는 대상이 주인공이다. 사물을 만질 때 사물이 나를 만지는 것이다. 이때 초월이 발생한다. 하느님이 나를 만지는 것이다. 풍경을 바라볼 때도 풍경이 내 속에서 자신을 생각한다. 나는 풍경의 의식이다. 이렇게 사물을 나의 것으로 하지 않고 내가 사라지는 가난으로 삼위일체에 이른다. 성 보나벤투라에게 "만물을 통해서 뿐만 아니라 만물 안에서도 하느님이 당신의 본질,

---

56 「하느님께 나아가는 정신의 여정 I ,9」

능력, 현존으로 거기 그렇게 있는 한, 그분을 관상하도록 해준다."[57]

2장의 마무리

조용히 입을 다물고 침묵 중에 관상에 들어가야 하지 않을까? 침묵이 가장 명확한 답이기 때문이다. 삼위의 하느님은 완전한 사귐을 이루신다. 완전한 사랑, 다시 말해서 완전한 자기 증여, 완전한 자기포기를 침묵 중에 이룸으로써 지복을 느끼시는 분이시다. "낮 열두 시쯤 되자 어둠이 온 땅에 덮여 오후 세 시까지 계속되었다. 해가 어두워진 것이다. 그때에 성전 휘장 한가운데가 두 갈래로 찢어졌다. 그리고 예수님께서 큰 소리로 외치셨다. '아버지, 제 영을 아버지 손에 맡깁니다.' 이 말씀을 하시고 숨을 거두셨다."(루카 23: 44-46)

3장 「요소시」의 영적 내용

작음을 사랑하고 작은 것에 가치를 두어 "밀핵시론"을 펼쳐온 松韻으로서는, 그것의 또 다른 이름 '요소'를 언급하지 않을 수 없었을

---

57 「하느님께 나아가는 정신의 여정 II,1」

것이다. 군더더기의 말을 빼면 남는 것이 요소다. "발효한 술을 다시 증류하여 주정酒精을 얻듯이 보통 시를 증류하여 요소시를 얻는 것이다."[58] 작음 속으로 작음 속으로 한 없이 들어간다. 나를 받아들이지 않는 사람을 받아들일 때 이 작음에 이른다. 나를 싫어하는 사람을 싫어하지 않을 때 작음에 이르게 되어, 관상에 든다. 3장에서는 관상 정신이 맥이 되어 흐른다.

3.1. 「요소시」

"모든 장식이 가짜 황금인 이 시대./ 모든 서정이 삭은 지푸라기인 이 시대./ 모든 말이 부도난 어음인 이 시대./ 모든 은둔이 쇼인 이 시대./ 모든 예술이 TV 광고인 이 시대./ 모든 아름다움이 목 졸리는 이 시대./ 무시무종무염無始無終無染으로/ 반짝이는 것은 요소뿐이다." 이 시에 대한 이승하님의 말을 들어보자:

"시인은 의미의 핵심부분, 심상의 핵심 부분만을 간명하게 남기기 위해 '요소시'를 창안하였고, 이러한 자신의 시론을 설명해놓은 것이 바로 이 작품이다. '모든 것이 부도난 어음인 이 시대'에 시인은 바수고 또 바수어 끝으로 남은 사금파리 조각을 모아서 시를 쓰기로 했다. 자서에 밝힌 '일자일행시'와 '일자시'를 보면 사금파리

---

58 시집 「논 위를 달리는 두 대의 그림자 버스」 134쪽

조각을 모아서 시를 쓴다는 것의 의미를 이해할 수 있을 것이다."[59] 사금파리에서 빛이 나기 때문이다.

3.2. 「기로서」, 3.3. 「氣」, 3.4. 「氣」는, 3.5. 「기로」, 3.6. 「기를 뿜는 것이 기쁨이라던가」

이상(以上)의 시들은 기氣를 주제로 하는 시들인데, 기氣에 대한 동양사상을 연구서적을 통하지 않고 자신의 체험으로만 일관하는 松韻을 볼 수 있다. 다시 시인 이승하님의 해설을 보자.

"기는 덩어리./ 덩어리하고도 보석./ 보석하고도 금강석./ 금강석은 기./ 기하고도 노을./ 노을하고도 허虛./ 기는 삼투滲透./ 기는 관통./ 기는 정령精靈./ 기는 늠름./ 기는 아름다움./ 기는 사랑./ 한자 기운 '氣'를 제목으로 한 이 시는 기가 도대체 무엇이란 말인가, 기를 내가 한번 연구, 분석, 해명해보자 하는 의도로 쓴 것이라 여겨진다. 시인은 처음에는 기를 어떤 덩어리 중에서도 보석⋯⋯하다가 생각을 완전히 뒤집어 노을로 노을하고도 허⋯⋯생각은 이렇게 작은 보석에서 무한대로, 즉 구체적인 사물에서 추상적인 관념으로 확장된다. 기는 삼투할 수 있고⋯⋯정령(만물의 근원을 이룬다는 신령스러운 기운)이기도 하다⋯⋯모두 한자어인데 제 4연에 가서는 기는 '늠름'이기도 하고 '아름다움'이기도 하고 '사랑'이기도 하

---

59 「일자시에서 우주시까지의 진폭(성찬경 제 7시집의 의의를 찾아서)」, 이승하, 현대시 3 (2006), 52쪽

다면서 기에 대한 생각을 마무리한다. 이어지는 기에 관한 시들에서는 공기, 수, 기질, 마음, 기후, 절후, 냄새 맡다란 뜻이 더 있다. 시인은……연구해보았을 뿐만 아니라 상상력을 최대한도로 발휘하여 언어의 외연을 무한대로 확장시켰다."[60]

이 시에서는 구체적인 사물을 통하여 형이상학으로 넘어가는 능선이 드러나며, 종국에는 언어 자체 말에 귀착된다. 언어의 외연을 무한대로 확장시켰다. 말씀의 차원으로 넘어갔다. 여기에 성 보나벤투라가 합세한다:

"말은 그것을 말하는 자의 정신으로부터 분리되지 않는다. 우리는 영원한 말씀에서 이것을 알게 된다. 즉 '심연이 생기기 전에, 물 많은 샘들이 생기기 전에 나는 태어났다.'고 하는 잠언 8장 24절에 나오는 말씀처럼 성부는 영원한 말씀을 영원한 출생 중에 잉태하셨다. 말씀이 감각적 인간에게 인식되도록 하기 위하여 말씀이 육신의 형태를 취하였다. '말씀이 사람이 되어 우리 가운데 사셨다.'(요한 1:14) 그러나 그 말씀은 성부의 품에 머물러 있다."[61]

3.7.「要素體」

이 시는 지면에 옮겨놓을 수 없으리만큼 깨알 같은 한자어로 쓰

---

60 「일자시에서 우주시까지의 진폭(성찬경 제 7시집의 의의를 찾아서)」, 이승하, 현대시 3 (2006), 53쪽
61 「De Reductione Artium」 16

여 있다. 또한 앞의 두 행 "楷行草篆隷/歐體顔體秋史體"(해서행서초서전서에서 구양순체안진경체추사체)를 제외한 모든 행에 "素"자가 들어있는데 자그마치 32행이다. 모든 예술, 건축, 체육, 철학, 행위, 연애, 선율, 불협화음……등등 짐승과 천사까지 등장한다. 松韻의 의도를 세 가지로 유추할 수 있겠다. 우선 "素"자가 변함없이 삽입되어 있는 점으로 미루어볼 때, 만물 안에 내포되어 있는 가장 작은 단위의 "素"가 의문을 푸는 열쇠로 보인다. 모든 예술과 만물을 공통분모인 "素" 위에 각각 다른 분자들을 올려 나열함으로써 "素"를 바탕으로 하여 어떤 변함없는 것을 표상하려고 하였을 것이다. 비록 "素"자字가 없는 첫 두 행도 공통적인 서예書藝의 서체書體들이 나열되어 있는 터여서 松韻의 진의는 이 두 행에서도 앞과 동일해 보인다. 다만 가장 앞자리의 도입부에 위치시켜 놓은 점은 시의 제목이 「要素體」라서 「體」에 맞추어 그렇게 한듯하다.

그리고 둘째로는 한 결 같이 한자어를 사용했다는 점도 같은 의도로 보여 진다. 어떤 변함없는 존재를 松韻은 그렇게 전하고 싶었던 것이다.

셋째로 이 시는 한 폭의 족자로 시각적 효과가 두드러진다. 그저 걸어놓고 보아도 무방하다. 변하지 않는 존재를 눈으로 보는 것이다. 누워서도 편안하게 눈으로 변함없는 존재와 함께 할 수 있도록 하기 위하여 시인은 이 시를 썼다. 그것을 바라보는 우리는 시인과 함께 관상의 경지에 있다 할 것이다.

이러한 시로 松韻이 추구했던 바는 초월자와의 최후의 일치일 것이다. 여기서 과연 성 보나벤투라는 어떤 일치의 길을 걸었는지 보도록 하자. "우리가 하느님과의 일치의 수단을 고려하여 각 이성들(배자적胚子的 이성, 정신적精神的 이성, 이상적理想的 이성)⁶²을 고찰한다면 영혼과 하느님의 일치가 어떻게 일어나는지 알게 된다. 물체적 자연은 습기(humore)와 숨(spiritu)과 온기(calore)를 매개로 하지 않고서는 영혼과 하나가 될 수 없다. 그러나 이 세 가지는 영혼이 생명을 받아들이도록 하기 위하여 육신을 준비시킨다. 그리하여 사람들은 (이 세 가지의 도움을 받아서) 경건한 뉘우침(compuntio)의 탄식과 자녀로서의 사랑(pietatis)으로 영혼이 가슴(加濕, humida)되고, 이어서 모든 땅 위의 것을 경멸하여(땅의 도움을 받으면서도 거기에 매이지 않고) 영적으로 되며(spiritualis), 하늘의 고향을 열망하는 열기에 싸이고, 하늘의 사랑을 받는 자(예수 그리스도)를 동경하는 열망으로 뜨거워질 때에 하느

---

62 성 보나벤투라는 자연과 인간과 하느님이 각기 다른 이성 즉 배자적(胚子的) 이성과 정신적 이성과 이상적(理想的) 이성을 가지고 있다고 여긴다: "물질 안에 있는 성향은 정신적 이성을 향하여 정돈되어 있으므로, 이성적 영혼이 물체적 물질과 합일되어 있을 때에만 출생(발생, generatio)이 완성되어 끝난다. 마찬가지로 배자적 이성(胚子的 理性, rationes seminales)을 가지고 있는 자연(natura)과 정신적 이성(rationes intellectuales)을 포함하고 있는 자연(인간), 그리고 이상적(理想的) 이성(rationes ideales)을 가지고 있는 자연(하느님)이 인격의 통일성 속에서 하나가 될 때만 우주가 최고의 가장 탁월한 완전성에 도달할 수 있다. 이는 하느님의 아들의 육화 속에서 일어난다. 따라서 모든 자연철학은 상응의 관계를 통하여, 출생되고 육화되신 말씀을 전파한다. 자연철학은 이 말씀이 알파와 오메가이고(사도행전1:8;21:6;22:13), 이 말씀은 태초에 그리고 모든 시간 이전에 증거 되었으나 시간의 종말에 육화되었다고 전파한다."

님께서 영혼에 생명을 주시어 영혼과 일치하신다."(괄호 안은 독자들의 이해를 돕기 위하여 삽입하였는데 오히려 방해가 될 수도 있겠다.)

땅의 도움을 받아야만 사람은 하느님과 일치할 수 있는 처지고, 사람이 하느님과 일치해야 땅은 하느님과 일치하는 처지고, 땅과 사람이 일치하지 않으면 하느님도 없는 하느님의 처지다. 성 보나벤투라에게 해는 영적으로 그리스도이고, 달은 성모님이고 별은 많은 성인들이다.[63]

3.8. 「동사로 쓴 시」

이 시는 동사만을 길게 다섯 번 나열하다가 그 사이 사이에 "아, <생각하다>가 걸리는 구나"를 삽입시킨 시다. 이 시에 대한 松韻의 말을 들어보자. "이 시는 순 우리말로 <생각하다>의 표현이 안 된다는 점이 안타까워서 써본 시다. 가령 <먹다> <자다> <뛰다> 등과 <식사하다> <취침하다> <주행하다> 따위의 표현을 같은 것으로 볼 수 있겠는가. 언어학적으로도 형태소의 수가 다를 뿐만 아니라 전자의 표현이 후자의 표현보다도 훨씬 더 말하는 이의 정서와 직결돼 있으며 또한 정다운 표현이기도 하다. 철학하는 이도 문학하는 이도 이 점을 지적하는 사람은 거의 없는 것 같다. 하루 빨리 <먹다> <자다>식으로 생각한다는 표현을 할 수 있는 날이 왔으면 좋

---

63 「De Reductione Artium」 21

겠다. 그래서 <생각하다>의 고어인 <괴다>를 빌려서 쓰면 어떨까 하는 생각까지 해본 것이다. 원래 생각한다는 것과 사랑한다는 것은 같은 것이니까."⁶⁴

프랑스의 철학자 르네 데카르트Rene Descartes(1596-1650)가 말했다고 하는 "Cogito, ergo sum(나는 생각한다, 고로 존재한다)"에 많은 설명들이 붙는데, 단순하게 이렇게 생각해 보자. 사람의 영혼의 기능 중의 하나가 생각 곧 사유다. "나"라고 지칭함은 곧 "영혼"을 지칭함이다. 나는 영혼이다. 그래서 나는 나의 영혼을 볼 수 없다. 눈이 눈을 볼 수 없고, 보는 자는 보는 자를 볼 수 없고, 듣는 자는 듣는 자를 들을 수 없다. 그래서 영혼의 기능인 생각도 다른 동사들처럼 확연하게 다가오지 않는 것이다. 생각이 나이기 때문이다. 그러므로 이 생각 곧 아이디어는 하느님 안에 있는 것이 하느님을 닮은 영혼을 통하여 우리에게 나타난 것이다. 하느님 안에 원래 있던 생각이 이데아(Idea)이리라.

그래서 松韻은 말한다. "생각하는 행위를 통해서 나의 존재가 증명이 되며, 적어도 논리의 틀 안에서는 어느 누구도 데카르트의 이 논증 이상으로 나아갈 수 없으며, 또한 이 논증을 깰 수 있는 새로운 명제를 제시할 수는 없을 것이라는 생각이 든다."⁶⁵

구도求道의 끝에서 영혼에 빛이 다가오고, 그 빛의 반사로 생각이

64　시집 「논 위를 달리는 두 대의 그림자 버스」 90-91쪽
65　「밀핵시론」, 성찬경, 조선 문학사 (2015) 129쪽

일어남을 볼 수 있다. 생각이 일어남을 보게 될 때에 생각을 멈출 수도 있고 일어나게 할 수도 있다.

3.9. 「다 오라」

어떤 말도 松韻의 시어에서 제외되는 말이 없다. 하다못해 松韻에게는 "꼬장물"도[66] 시어로 채택되는데 매우 신선하다. 그에게 시어로 채택되면 어떤 말이든 새까맣게 탄 시골처녀가 분 바르고 시집가듯 단번에 하얀 색시로 변한다. 그의 손에 채택된 시어는 주어진 자리에서 빛을 내며 다소곳하게 앉아 있다. 그러나 예외가 되는 말이 두 개 있다. "'싱그러운'/ '하염없이'/ 삥끼 같은 이 두 말만은 빼고" 이 두 단어는 우리가 들어도 왠지 진지하게 마음속에서 나온 성실한 말이라기보다는 겉치레에 가까운 말이다. 많은 독자들이 이에 공감하리라 본다. 이 두 단어로 松韻이 겉치레를 얼마만큼 싫어하고 혐오하는지를 알 수 있다. 성 프란치스코도 만물을 그토록 사랑하였지만 파리와 개미를 몹시 싫어했다고 한다. 이기적으로 빨아먹기만 하고 챙기기만 하여서란다. 성 보나벤투라도 해로운 것을

---

66 「憲法」; "어린것들이 부는 장난감 피리 소리가 단순 호쾌한 선을 긋는다……나의 詩想도 깨진다. 반사적으로 그만 두라는 소리가 목구멍까지 나온다. 허나 나는 가까스로 그 소리를 도로 삼킨다. 어린이 나라의 憲法을 짓밟을 권리가 내게는 없다. 이 憲法은 神法. 겉으론 꼬장물이 흐르지만 속은 無染과 無碍……"

피하는데 그것들은 질서에 어긋나는 본연의 것이 아니기 때문이라고 한다.

"우리가 감각적 활동을 고찰해보면 거기에서 우리의 삶의 질서를 보게 된다. 모든 감각은 그 활동에 있어서 그 본연의 대상을 향하고, 그것에 해로운 것을 피하며, 낯선 것을 택하여 사용하지 않는다.(usurpat)"[67] 원래 설정된 이 질서를 어기고 낯선 것을 택하면 여지없이 무질서가 창을 들고 나오며 환난이 시작된다.

3.10. 「무지무지하게」

이 시는 다른 시들과 달리 그 일부라도 골라서 옮겨 쓸 수가 없다. 왜냐하면 모든 단어들이 하나같이 생명을 발산하기 때문이다. 고상한 말도 있지만 그렇지 못한 말들을 무작위로 옮겨 놓았다. 시인에게는 무작위가 아니었겠지만. 각각의 단어들이 살아 숨 쉰다. 어린이들 하나하나가 다 귀엽고, 까르르 까르르 수다가 하늘을 찌르는 여학생들이 다 예쁘고, 친구들과 말만 했다 하면 쌍욕으로 시작해서 쌍욕으로 끝나는 남학생들도 신선하게 보이듯이 이 시에 등장하는 거의 모든 언어들이 결코 고상치 못한 언어들임에도 그 하나하나가 정겹다. 말이 살아 숨 쉰다. 어떤 말에도 생명이 있다. "말

---

67 「De Reductione Artium」 9

은 살아있다."⁶⁸ 송운의 말대로 말은 말씀의 그림자이기에 그러할 것이다.⁶⁹

성 보나벤투라도 이렇게 말한다. "영혼이 하느님의 내적인 말씀을 통하여 하느님을 인식하기에까지 이르려면, 하느님의 영광의 조명과 하느님의 본질의 모형인 말씀이시고, 하느님의 능력의 말씀이신, 모든 것을 지니고 계신 분과 하나가 되어야 한다."⁷⁰ 인간이 모든 것을 지니고 있는 빛을 발견한다는 사실 자체가 하느님의 영광이다.

3장의 마무리

삼위가 누리는 저 관계성을 어떻게 설명하면 좋겠는가? 하느님의 아들 예수 그리스도는 아버지와 똑같은 본성을 지니신다. 즉 하느님으로부터 나온 하느님이요, 빛에서 나온 빛이요, 참 하느님으로부터 나온 참 하느님이시다. 예수 그리스도는 아버지와 동일 본질(homousius)이시며 하느님의 자아실현이다. 우리도 사실은 하느님의 자아실현이다. 하느님은 최고로 살아계시고 따라서 최고로 자신을

---

68 「인식과 찬미(성찬경의 시세계)」 박희진, (「영혼의 눈 육체의 눈」, 성찬경, 고려원 (1986) 251쪽)
69 「주문 없이는」: "말이면 다라 믿기에 왜냐하면 말은 말씀의 그림자이기에"
70 「De Reductione Artium」 18 (참조: 히브리서 1:3)

움직이시고 활동하신다. 자아실현을 위하여 활동하는 최고의 방법은 자신을 타자에게 완전히 개방하는 것이다. 자신을 완전히 내주시는 방법이다. 자신은 없다. 그러므로 우리는 통째로 받았다. 자유를 통해서 받았다. 더 이상 받을 것이 없다. 이 자유를 관상한다. 행복하고 기쁘다. 이 자유에 행복한 사람은 자신을 내준다.

4장 「똥」의 영적 내용

이 시집 「논 위를 달리는 두 대의 그림자 버스」의 마지막 4장이 일자시一字詩 일명 순수절대시純粹絶對詩로 채워져 있다. 본 시집이 출간되고 약 4년이 지난 2009년에 일자시만 모은 일자시집一字詩集 「해」가 출간되었다.

우선 먼저 시에서는 너무도 생경하다고 할 수 있는 일자시一字詩 일명 순수절대시純粹絶對詩가 나오기까지의 배경을 알아봐야 할 것 같다. 그러려면 시에서는 절대적인 구성요소인 은유와 직유에 대해 먼저 알아보자.

1) 은유와 직유

"은유隱喩와 직유直喩는 'metaphor'와 'simile'의 우리말이다. 넓은 의미에서 이 '은유와 직유'는 서로 비슷한 기능을 갖는 비유적 언어로 보아서 큰 지장이 있는 것은 아니다. 그러나 좀 더 면밀히 살펴보면 이 둘 사이에는 본질적으로 결정적인 차이가 있음을 알 수 있다. 은유를 공식화해서 나타내보자면, 이미 말한 바와 같이 'A is B'가 된다. 직유의 경우에는 영어로는 'A is like B'로 나타낼 수 있을 것이고 이것을 우리말로 고쳐보면 'A는 B와 같은 것이다'가 될 것이다……아리스토텔레스는 은유는 다만 직유의 축소형이며 이 양자의 기능의 차이는 사소하다고 말하고 있지만, 나는 이 말에 동의할 수는 없다……같은 사안思案을 놓고 비교해 보는 것이 좋을 듯싶다. '내 마음은 호수요' 이 은유적 표현을 직유로 바꿔보면 '내 마음은 호수와 같으오'가 되는데 이 둘이 과연 같은 것일까. 우선 은유의 경우를 살펴보면 '내 마음은 호수요' 하면 '마음'이 '호수'가 되는 것이므로 이것은 개념의 이동이며 이미 말한 바와 같이 동적動的이다. '마음'이 곧 '호수'이니 '그대 저으오' 할 수 있으며, 상념想念이 개방적이며 활동적이며 변화의 여지가 많다. 반면에 '내 마음은 호수와 같으오' 하면 마음이 '호수를 닮은 마음'으로 고정되어 있으며, 결국 '마음'은 '마음' 이상의 것이 아니므로 '그대 저으오' 할 수가 없다.(마음에서 배를 저으라는 것은 무리다.) 따라서 은유가 동적인데 반하여 직유는 정적이며 고정적이다. 그리고 이와 같은 점이 이 둘의 결정적인 차이점이다. 나는 은유와 직유 둘을 놓고 볼 때 본질적인 기능면에서 은유가 직유보다 더 근원적이며 원리적인 구실을 맡고 있다고 생각한다."[71]

문학적인 측면에서 성 프란치스코는 은유의 대가다. 이태리 문학에서까지 성 프란치스코가 큰 자리를 차지하는 것도 그의 은유 때문이리라. 특히 하느님을 묘사할 때에 은유가 바다를 이룬다: "당신은 지혜이시나이다. 당신은 겸손이시나이다. 당신은 인내이시나이다. 당신은 아름다움이시나이다. 당신은 안전함이시나이다. 당신은 고요이시나이다……"[72] 17항으로 되어 있는 이 기도문의 내용이 거의 이러한 은유로 채워져 있다. 그러니까 "당신은 지혜로운 분이시나이다"가 아니다. 당신은 "겸손한 분이시나이다"가 아니다. "당신은 겸손하신 분이시나이다"가 아니다. 따라서 어느 누가 지혜롭다든가 겸손하다든가 인내롭다면 그 사람은 그 사실 하나로 하느님과 일치해 있는 것이다. 아름다움도 안전함도 고요도 여전히 똑같이 적용된다.

프란치스코의 은유의 절정은 그의 생애 마지막에 노래한 「해 형제의 노래」에서 이루어진다. "아름답고 장엄한 광채로 빛나는 해님은 지극히 높으신 당신의 모습을 지니나이다." (해 형제의 노래 8-9)[73]

성 프란치스코는 「해 형제의 노래」를 쓰고 얼마 지나지 않아 세상을 떠난다. 松韻도 일자 시집 「해」를 마지막으로 하고 얼마 안 있

---

71 「밀핵시론」, 성찬경, 조선 문학사 (2014) 82-83쪽
72 「지극히 높으신 하느님께 드리는 찬미」 7-9
73 「아씨시 프란치스코와 클라라의 글」, 프란치스코 출판사(2014), 134쪽.

어 세상을 떠난다.

2) 은유의 축소

"유리가 깨져 파편이 되면 소유의 차원에서 존재의 차원으로 되돌아옵니다."[74] "성경에 '하늘나라는 겨자씨와 같다'는 말이 나옵니다. 이것은 최고의 밀핵시입니다. 단 한 줄입니다. 그런데 하늘나라의 오묘한 진리가 들어 있는 것입니다. 하늘나라를 몇 십 페이지로 쓴 설명보다도 이 한 줄의 시구가 더 가치 있지 않습니까?……글자수가 줄어들수록 의미의 밀도가 커지는 것이니까. 그렇게 본다면 글자 하나로 1행이 되는 시가 가장 밀도가 큰 시가 되겠지요. 그리고 행수를 또 줄여서 1행만 남게 한다면……그러한 추구의 결과로 일자시一字詩를 썼습니다. 최고의 밀핵시의 궁극의 상태가 '일자시' 혹은 '절대시'입니다."[75]

하느님과 일치하는 궁극적 만남이란 곧 일자(一者, unitas)와의 만남이다. 이 만남은 사랑 안에 들어 있으면 그것으로 다이고, 고통 안에 들어 있으면 그것으로 다. 지금 내가 처해 있는 상황이 어떤 상황이든 그 자리에서 만난다.

---

74 「현대시」, 한국문언 (2006 3) 48쪽
75 「현대시」, 한국문언 (2006 3) 45쪽

3) 찬미의 노래

"인식의 극한은 필연적으로 존재의 신비와 만나게 되어 있다. 그 순간 인식은 찬미로 바뀐다. 존재의 입구는 인식인 셈이지만 출구는 찬미다."[76] 프란치스코는 해를 형제라 부르며 그의 생애 마지막에 노래한다: "아름답고 장엄한 광채로 빛나는[77] 해님은 지극히 높으신 당신의 모습을 지니나이다."(해 형제의 노래 8-9)[78]

"저는 지금 여기에 놓인 컵을 볼 때도 신비롭습니다. 존재는 신비입니다. 더 정확히 말하자면 신비의 심연이라고 해야겠습니다. 그 속에는 무한한 깊이와 신비의 심연이 있습니다……신비는 미신이 아니라 있는 그대로 들여다보는 것이라고 할 수 있습니다. 또 하나 예수 그리스도를 반투명의 존재로 봤습니다. 신의 절대적인 엄정성과 인간의 모습을 동시에 지니고 있습니다. 예수 그리스도는 신과 인간을 관계 짓게 해줍니다. 그래서 반투명의 존재이지요."[79]

---

76 「인식과 찬미 (성찬경의 시세계)」, 박희진 (「영혼의 눈 육체의 눈」 266쪽)
77 "빛나다"는 라틴어로는 동사 "illuminare"인데, 2인칭(너)에 쓸 때는 "illuminas"로 어미가 바뀌고, 3인칭(이,그,저)에 쓸 때는 "illuminat"로 어미가 변하는데, 여기서는 "해"가 주어임에도 3인칭으로 쓰지 않고 2인칭 어미인 "illuminas"로 쓰는 것을 보면, "해"가 그대로 "주님 당신"으로 환원되는 일의 성(一意性, univocitas)을 보인다. 유비(類比, analogia)가 아니다. 해를 주님으로 본다. 일반 범신론(汎神論)과의 차이는 "존재"가 뒤에 있다는 점이다. (참조: 「아씨시 프란치스코와 클라라의 글」 45쪽)
78 「아씨시 프란치스코와 클라라의 글」, 프란치스코 출판사(2014), 134쪽.
79 「현대시」, 한국문언 (2006 3) 44쪽

성 프란치스코는 예수 그리스도를 하느님으로 보아 "해"라고 하였고, 松韻은 중개자, 매개자로서 반투명으로 보았지만, 찬미의 대상으로는 동일하다.

4) 백지의 여백

"시에서는 은유의 구실이 매우 중요한데 은유는 반드시 'A는 B'라는 2항項이 필요하다. 그런데 일자시는 1항밖에 없으므로 은유적 구조를 채울 수가 없다. 일자시의 경우 한 글자의 낱말이 은유의 한쪽 항項이라면 그 한 글자를 둘러싸고 있는 넓은 백지의 여백이 은유의 또 하나의 항을 맡게 된다. 이런 까닭에 일자시에는 넓은 백지의 여백이 반드시 필요하다……이제 나는 밀핵시의 극점에 서서 사방을 둘러본다. 더는 갈 곳이 없다. 그러나 이제 어디로 가도 상관이 없다. 나는 해방과 자유를 느낀다."[80]

글자 "해"는 옆에 백지의 여백이 있어서 보인다. 중천에 떠 있는 "해"도 공간의 여백이 있어서 있다. 백지와 공간의 여백이 사랑이다. "미움"은 "미움"을 뒤에서 비추어주는 빛이 있어서 "미움"을 인식할 수 있다. 그러니 "미움"을 해결하려고 "미움"에 몰두할 것인가 아니면 "미움"을 비쳐 녹이는 사랑의 빛에 몰두할 것인가.

그래서 성 보나벤투라가 말한다. "조명의 길이 얼마나 포괄적이

---

[80] 「용어 풀이와 팔레트 걸어 놓기」, 성찬경, 「논 위를 달리는 두 대의 그림자 버스」 137쪽

며, 하느님 자신이 지각되거나 인식되는 모든 사물 속에 어떻게 내면적으로 감추어져 있는 지도 분명하다……조명이 없다면 어떤 인식도 허무하다(vana est). 우리에게 모든 진리를 가르치시고 영원히 찬양 받으시는 이 성령으로 말미암지 않고서는 결코 성자에게 이를 수 없다."[81] 성령은 백지와 공간의 조명으로 우리와 떨어져본 적이 없다. 이러한 성령이 가시적으로 매일 우리에게 오신다. "하찮은 빵의 형상 안에 당신을 숨기시다니!"[82]

4장의 마무리

"'해'의 자음 'ㅎ'은 밝음과 높음과 신성함의 표상으로 울린다. '하늘'의 자음은 'ㅎ' 아닌가. 영어도 그렇다. 'holy', 'heaven', 'white'의 경우가 보기다. '해'의 모음 'ㅐ'는 이를테면 장중함의 친밀화다. '아비' '아기'를 '애비' '애기'라 할 때 느끼는 감정이 그것이다. 따라서 우리말 '해'는 저 고마운 해가 동시에 우리와 친하기도 하다는 것을 나타내고 있다."[83] 이 「해」는 그렇게 누구나 비춘다. 죄인이나 성자나 병자나 운동선수나 약자나 강자나 거지나 부자

---

81 「De Reductione Artium」 26
82 「형제회에 보낸 편지」 27
83 시집 「해」 13쪽

나……빛을 받는 우리는 동등하다. 빛을 등에 받고 사는 사람은 타자 앞에서 우월감도 있을 수 없고 열등감도 있을 수 없다. 이를 깨달을 때 넓은 수평선이 열리고 아득히 높은 하늘이 열린다.

IV. 나가기

우리가 소리를 들을 때 이 백지의 빛이 뒤에서 비치면 소리가 향기로 다가오고, 향기를 맡을 때 이 백지의 빛이 뒤에서 비치면 향기가 소리로 들린다. 음식을 먹을 때 이 백지의 빛이 뒤에서 비치면 맛이 말씀으로 들리고, 성경의 말씀을 읽을 때 이 백지의 빛이 뒤에서 비치면 입맛을 다신다. 말하자면 공감각이[84] 이루어진다.

성 프란치스코에게 있어서 이러한 공감각의 사건은 흔한 일이었다. 그의 회개 초기에 시각이 청각을 불러일으킨 일이 있었다. "이 세상의 행복을 하직하고 기도하고 있는 프란치스코에게, 회두의 시작에서부터 그리스도께서는 십자가에서 말씀하셨고, 그리스도의 고상의 입에서 다음과 같은 목소리가 들렸다. '프란치스코야, 보다시피 다 허물어져 가는 나의 집을 가서 수리하여라.' 이때부터 주님의 수난에 대한 기억이 그의 마음에 깊이 박혀서 회개의 결심이 깊어졌고, 그의 영혼은 사랑하는 이가 말할 때마다 녹아들기 시작하

---

[84] 공감각(共感覺): 하나의 감각이 동시에 딴 영역의 감각을 불러일으키는 것(우리말 사전, 어문각).

였다."⁸⁵

프란치스코의 예를 한 가지만 더 들면 이런 일이 있었다. 관상에서 음악이 들리는 경우다. 이를테면 관음觀音의 상태의 그것이다. "성인이 깨어 하느님을 관상하고 있는 참에 갑작스레 기타 소리가 들렸다. 기막힌 화음에다 무척이나 감미로운 선율이었다. 아무도 보이지 않고 다만 기타 연주자가 앞뒤로 움직일 때마다 소리의 높낮이만이 그 움직임을 나타내 주고 있었다. 마침내 그의 영혼이 하느님께 올라가 거룩하신 사부님은 감미로운 곡조에 흠뻑 취해서 딴 세상으로 끌려갔다는 느낌을 받았다."⁸⁶

이와 관련된다고 보여지는 글귀 하나가 그의 생애 마지막에 松韻의 책상에 늘 걸려있었다. "畵現星月夜開日. 夏見氷雪冬見虹 眼聽鼻觀耳能語 無盡藏中色是空"(별과 달을 그리니 밤에 해가 뜨고, 여름에 얼음과 눈을 보고 겨울에 무지개를 보네. 눈으로 듣고 코로 보고 귀로는 말하느니, 깨달음이 있는 곳에 색시공이라)⁸⁷ 프란치스코의 쓴 맛이 단 맛으로 변하는 현상과 함께 공감각의 현상을 노래하는 일종의 해탈의 시라 할 수 있겠다.

백지의 빛이란 존재감 없이 존재하는 예수 그리스도일 것이다.

---

85 토마스 첼라노의 제 3 생애 2.
86 토마스 첼라노의 제 2 생애 126.
87 전라남도 해남의 달마산에 있는 미황사(美黃寺) 응진당(應眞堂)의 기둥에 적혀 있는 글(柱聯)이다.

그렇게 늘 우리와 함께 하시는 예수 그리스도다. 이 백지의 빛은 우리를 떠난 적이 없다. 이 빛이 최고의 선善이다. 우리에게 파고드는 아니 이미 파고들어와 있는 최고의 선善을 알아채어 관상해야 할 것이다. 이것만이 우리가 살 길이다.

【 참고 문헌 】

1. 「논 위를 달리는 두 대의 그림자 버스」, 성찬경, 문학세계사(2005).

2. 「밀핵시론」, 성찬경, 조선문학사(2015).

3. 「영혼의 눈 육체의 눈」, 성찬경, 고려원(1986).

4. 「현대시」, 한국문언,(2006, 3).

5. 「De Reductione artium ad Theologiam」 Bonaventura, (Franciscan Institute St.Bonaventure University)(1996).

6. 「Itinerarium mentis in Deum」(하느님께 나아가는 정신의 여정) Bonaventura, (Franciscan Institute St.Bonaventure University)(1996).

7. 「하느님께 나아가는 정신의 여정」 박장원 역.

8. 「하느님께 나아가는 정신의 여정」 김광식 역, 기독교 서회(1981).

9. 「아씨시 프란치스코와 클라라의 글」, 프란치스코회 한국관구, 프란치스코 출판사(2014).

10. 「아씨시 성 프란치스코의 생애」 토마스 첼라노, 프란치스코회 한국관구, 프란치스코 출판사(2007).

이재성 보나벤투라 수사

1946년 충남 당진 출생, 호는 설파雪坡. 1969년 작은 형제회(프란치스코회)에 입회하여 서울 가톨릭 대학교를 졸업하였으며, 1979년 성대 서약을 하였다. 그 후 영국 캔터베리Canterbury의 프란치스칸 국제 연구소(Franciscan International Study Centre)에서 프란치스칸 영성을 수학하였고, 로마 교황청립 안토니오 대학교(Pontificia Università Antoniana)에서 영성 신학을 전공하였으며, 프란치스코의 신비 체험을 연구하여 석사 학위를 받았다. 저서로는 『신비가 프란치스코-프란치스코의 신비에로의 안내』(프란치스코 출판사, 2002), 『숨어 계신 님 1, 2』(프란치스코 출판사, 2011)가 있으며, 역서로는 토마스 첼라노의 『아씨시 성 프란치스코의 생애』(분도출판사, 1986) 등 다수의 번역서가 있다.

김태환

쓰이지 않는 도구의 시학
성찬경의 밀핵시에 관한 고찰

I. 서론

이 논문은 성찬경의 시 세계를 시인 자신이 전개한 시론과의 관계 속에서 고찰하고자 한다. 성찬경은 이미 1960년대부터 밀핵시라고 하는 독자적 시의 이념을 제시하고 논의를 전개해왔다. 하지만 밀핵시론은 시인의 사후에 발간된 시론집 『밀핵시론』(조선문학사 2014) 속에서 비로소 그 온전한 모습을 드러낸다. 이 책을 통해서 우리는 첫 시집인 『화형둔주곡』에서 말년의 시집인 『해』에 이르기까지 시인의 창작을 동반한 이론적 사유들을 한 자리에서 만날 수 있다. 하지만 아직까지 밀핵시론의 의의에 대한 본격적인 이론적 논의는 이루어지지 않고 있다.

대개 시인의 시론이란 이중적인 의미를 지닌다. 그것은 이론으로서 시의 보편적 본질을 포착하려 하는 한편, 독자에게 시인의 독특한 시적 세계를 이해하게 해주는 열쇠 구실을 하기도 하는 것이다. 보편성과 개별성(특수성) 사이의 모순 내지 긴장이 시인의 시론을 특징짓는다. 이 점은 성찬경의 시론에서도 마찬가지다. 보편성과 특수성의 긴장은 밀핵시론이라는 말 속에 이미 내포되어 있다. 우선 시인이 다음과 같이 말할 때, 밀핵시론이란 시의 보편적이고 궁극적인 본질에 대한 이념으로 나타난다. "의미의 밀도를 추구하는 밀핵시가 일반적인 시와 구별되는 어떤 특수한 부류의 시에 속하는 시는 결코 아니다. 원래 높은 함의를 추구하는 것은 시의 본질적 기능에 속하며 이 점에서 시가 산문과 구별되기도 한다."(밀핵 72.) 따라서 시의 이러한 기능을 탁월하게 성취한 시들이 모두 밀핵시의 범주에 들어온다. 이를테면 시인 스스로 많은 영향을 받았다고 밝힌 바 있는 영국 형이상학파 시는 모두 "고도의 의미의 밀도의 그릇"(밀핵 108)이라는 점에서 밀핵시라고 할 만한 것이다. 하지만 밀핵시라는 용어는 어떤가? 그것은 시인 스스로 만들어낸 '조어'로서 일반 시학의 개념으로 정착되지 않았다. 그 결과 밀핵시는 성찬경 시의 다른 이름인 것처럼 지각되며, 그런 점에서 밀핵시론 역시 매우 고유하고 특수한 성질을 띠게 된다.

이와 같은 보편성과 특수성의 긴장에 대해서는 일단 다음과 같은 설명이 가능할 것이다. 밀핵시론은 시의 보편적 본질에 관한 이념이지만, 그 이념 자체가 보편타당한 것인가는 또 다른 문제다. 그 이념은 무엇보다도 시인 성찬경의 이념이며, 현실 속에서 시의 보편적 본질을 다르게 파악하는 시론들과 경쟁 관계에 있을 수 있다.(예를 들어서 의미를 시의 중심에 놓지 않거나 오히려 시에서 배척해야 한다고 주장하는 시론을 생각해볼 수 있을 것이다.) 이 차원에서 보면 밀핵시의 이념은 주관적 상대성을 벗어나지 못한다. 또 하나는 성찬경이 어떤 다른 시에서, 이를테면 장 콕토의 시편에서 밀핵시 이념의 구현을 본다 하더라도,[1] 그 시와 밀핵시론을 구상한 그 자신의 시 사이에는 분

---

1 성찬경은 습작 시절 번역본으로 읽은 장 콕토의 시 한 편(『네가 탄생한 날부터』)에 매혹되었다고 술회하고 있다. "나는 이 시만큼 나의 심금을 울리

명 어떤 차이가 있을 수밖에 없다. 왜냐하면 성찬경은 장 콕토가 알지 못하는 밀핵시의 이념을 명확하게 의식하고 있고, 그 이념이 요구하는 바에 따라, 그 이념에 필요한 방법에 따라 시를 창작하려 하기 때문이다. 장 콕토와 성찬경의 차이는 무의식적 밀핵시와 의식적 밀핵시의 차이라고 할 수 있을 것이다. 콕토의 시를 밀핵시론에 따라 해독하는 것은 해석자의 자유에 속하는 문제이지만, 성찬경의 시에서 그의 밀핵시론은 본질적이고 필연적인 구성의 계기를 이루고 있다. 어떤 논자가 장 콕토의 시가 밀핵시라고 할 수 없다는 것을 논증한다면, 그것은 콕토 자신과는 아무런 상관도 없는 주장에 그치고 말 것이다. 하지만 성찬경의 시가 밀핵적이지 않다는 논증이 제기된다면, 문제는 다르다. 그것은 심지어 성찬경 시의 실패라는 결론으로까지 이어질 수 있다. 밀핵시를 밀핵시 이념의 구현을 약속하는 시라는 의미로 이해한다면, 밀핵시라고 할 수 있는 것은 오직 성찬경의 시밖에는 없다. 성찬경의 시 세계를 볼 때 시론과 시의 관계를 주목하지 않으면 안 되는 이유 또한 여기에 있다.

는 시를 그제나 반세기가 지난 지금이나 발견하지 못했다."(밀핵 30-31) 그리고 이러한 사실 속에 자신의 시적 체질의 비밀이 들어 있다고 말한다. 그는 습작 시절 이미 콕토의 시에서 밀핵시의 원형을 발견한 것이다. "짧고 형식도 단순하지만 우주의 존재, 생명과 영혼의 원리적 문제를 주제로 삼고 있어서, 시가 담고 있는 기상이 굉장히 크다."(밀핵 31.) 이것은 곧 장 콕토의 시가 밀핵시적이라는 뜻이다. 성찬경은 또한 이 시가 플라톤적인 '이데아' 사상을 짙게 풍긴다고 말하고 있는데(밀핵 31), 밀핵시론 자체가 플라톤주의적인 경향을 보인다는 점을 생각한다면 콕토의 시에 대한 이와 같은 해석은 상당히 의미심장하다.

그런데 한 시인의 시론을 고찰하려 하는 연구자가 빠지기 쉬운 함정이 있다. 한 가지 위험은 시인의 이론적 입장 자체에 함몰된 나머지 시인의 시를 그가 제시한 강령과 해석적 방법에 따라 충실히 읽어내는 데 그치는 것이다. 이때 연구자는 자신의 고유한 이론적 입지를 지니지 못한 채 시인 자신이 마련해준 틀 속에서 맴돌게 된다. 그런데 이러한 위험을 피하고자 하는 연구자의 앞에는 정반대 성격의 함정이 기다리고 있다. 연구자 자신의 시론을 앞세워서 시인의 시론의 오류를 밝혀내고자 하는 유혹이 그것이다. 시인의 '시론'을 단순히 오류로 규정하고 그 시론을 실현하려 한 시를 좌절로 낙인찍기 전에, 연구자는 그러한 판단에 시에 관한 자신의 주관적 이념이 무반성적으로 개입하고 있지는 않은지 성찰하여야 한다. 위에서 말한 바와 같이 시인의 시론은 시 일반에 관한 이념인 동시에 그의 시 세계를 구성하는 고유하고 특수한 요소이기도 하다. 이러한 전제 하에서, 연구자는 시인의 시론을 자신의 시론과 동일 차원에 놓고 이에 대해 동의나 반박을 시도할 것이 아니라, 어떤 고유한 시 세계와 시 창작의 경험에서 보편성을 지향하는 추상적 시의 이념이 발생하는가, 혹은 그러한 시의 이념이 어떤 구체적 창작의 실천으로 나타나는가 등의 문제에 대한 설명을 제시하여야 할 것이다.

Ⅱ. 밀핵시론과 무의미시론

주지하다시피 성찬경의 시는 한국현대시사에서 모더니즘 계열의 전통에 속하는 것으로 평가되고 있으며, 전위성, 실험성, 난해성 등은 그에게 곧잘 따라붙는 수사다. 말년에 이르러 1자시라는 사상 초유의 형식까지 시도하였으니, 그의 죽음을 알리는 신문기사의 제목이 '성찬경 시인, 시의 궁극 실험하고 떠나다'였던 것도 놀라운 일은 아니다.[2] 하지만 정작 그가 비교적 초창기부터 자신의 시 인생 전체에 걸쳐 추구했던 밀핵시론의 핵심적 테제를 살펴본 사람이라면, '이것이 과연 모더니즘적이고 실험적인 시 세계의 바탕이 되는 강령이란 말인가?'라는 의문을 품을지도 모른다. 밀핵密核이라는 단어 자체의 생소함을 논외로 한다면, 그것은 어떤 면에서 시에 관한 꽤나 평범하고, 고전적인 생각으로 보일 수 있기 때문이다. 시인 자신의 설명을 들어보자. "'밀핵적 방법'이란 한 편의 시에 가능한 한 최대의 '의미의 밀도'를 넣으려는 시도이며, '밀핵시'란 바로 그런 시를 두고 하는 말이다."(밀핵 24.) 결국 시가 산문에 비해 압축적인 표현 형식이라는 이야기가 아닌가? 시인 자신이 말하듯이 "시란 원래 그런 것 아닌가"?(밀핵 24.) 그는 또 이렇게 말하기도 한다. "시는 '의미의 예술'이다. '의미'를 떠나서는 시가 예술로서 존립할 수 있

---

2 『중앙일보』 2013년 2월 27일자.

는 핵심적 본령을 잃는 것이 된다. 그렇다면 의미의 낌새를 되도록 조밀하게 하려는 것이 시가 당연히 지향해야 할 방향이 아니겠는가."(밀핵 24-25.)

그런데 우리는 20세기 서양 시의 역사에서 모더니즘적, 아방가르드적 운동이 의미의 과격한 부정을 시도했다는 것을 잘 알고 있다. 다다이즘의 대표적 시인인 후고 발의 "소리시"나 러시아 미래파 시인 흘레브니코프의 "초의미적 언어"가 잘 보여주듯이, 20세기의 전위주의자들은 오히려 시적 언어를 의미에서 해방하고 심지어 순수한 소리 혹은 형상의 세계로 이끌고자 했던 것이다.[3] 러시아 형식주의자들이 시적 언어를 뜻이 아니라 소리에 주의하도록 만드는 기호라고 정의할 때도[4] - 대표적 형식주의자인 로만 야콥슨은 미래파 시인이기도 했거니와 - 시적 언어는 언어의 기호로서의 본성, 즉 뭔가 다른 것을 가리킨다는 성질에 역행하는 언어로 이해된다. 이에 따르면 시적 언어는 일상적, 의사소통적 언어와 달리 언어 바깥의 현실을 가리키기 위한 수단이 아니며, 자기 스스로를 돋보이게 하

---

3 언어를 의미에서 해방시켜 순수한 소리로서의 언어 사물로 만들고자 한 러시아 미래파와 형식주의의 관계에 대해서는 Peter V. Zima, *The Philosophy of Modern Literary Theory*, London, The Athlone Press, 1999, 29-30쪽을 참조할 것.
4 형식주의자의 한 사람인 야쿠빈스키는 다음과 같이 말한다. "이런 저런 고찰들의 끝에 우리는 실용적 언어에서 소리가 우리의 주의를 끌지 않는다는 것을 인정할 수밖에 없게 된다. 하지만 운문의 언어는 이와 다르다. 여기서 소리는 우리 의식의 넓은 지평에 들어서고 강하게 우리의 주의를 끈다고 말할 수 있다."(Peter V. Zima, 앞의 책, 29쪽에서 재인용.)

는 자기목적적 언어다. 그래서 현실을 향하는 '뜻'보다 언어 자체의 재료, 즉 '소리'가 중요해지는 것이다. 시적 언어의 본질을 자기지시성으로 보는 이러한 관점은 삶에 예속되지 않는, 삶을 초월하는 시의 자율성에 관한 근대적 이념의 연장선상에 있으며, 그것을 극단에까지 밀고 나갈 때 이르게 되는 결론이라고 할 수 있다.

이렇게 자기목적이 된 시, 언어가 대상을 가리키는 것이 아니라 언어 자체의 형태와 질료에 집중하는 시를 일반적으로 순수시 혹은 절대시라고 한다. 권혁웅은 「순수시의 계보와 한계」라는 논문에서 순수시에 관하여 다음과 같이 설명한다. "시적 언어는 사물을 명명하거나 표상하지 않고, 공유된 의미에 의해 오염되지 않으며, 실제의 인물(저자)이나 가상의 인물(화자)에 종속되지 않고, 사물을 실어나르는 매개물로 격하되지도 않는다. 따라서 이러한 언어는 무의 언어이다. 사물과 목소리와 의미를 사라지게 만들기 때문이다."[5] 한국 현대시사에서 이러한 의미의 순수시를 추구한 가장 대표적인 시인은 김춘수일 것이다. 그리고 그의 무의미시론은 한국 현대시사가 낳은 순수시 이념의 대표적 사례로 기억될 것이다. 만일 권혁웅의 지적대로 김춘수의 무의미시론에 '순수(무의미)/불순(의미)'의 도식이 깔려 있다면,[6] 그러한 순수시론의 관점에서 볼 때 의미의 밀도를

---

5   권혁웅, 『순수시의 계보와 한계. 시론과 시의 상관 관계를 중심으로』, 『어문 논집』 71호, 2014, 159쪽.
6   위의 글, 168쪽 참조. 권혁웅은 오규원의 날이미지 시론과 관련하여 다음

최대화하려는 밀핵시론의 기획은 너무나 불순한 것이 아닐까? 하지만 성찬경은 밀핵시론의 궁극적 귀결로 도달한 1자시를 두고 스스로 순수절대시라고 칭한다.[7] 그렇다면 그는 의미가 시 속에 언어 외적 현실을 끌어들이는 불순물에 지나지 않는다고 보는 순수시와 모더니즘의 전통에 반기를 들고 있는 것일까? 물론 시인도 자신의 밀핵시론과 김춘수의 무의미시론 사이의 대칭성을 인식하고는 있지만, 그렇다고 해서 두 시론의 관계를 대립이나 적대의 관계로 파악하지는 않는다. 그에 따르면 김춘수의 무의미시론은 밀핵시론의 연장선상에서 이해될 수 있는 것이다.

"무의미시론은 의미 추구의 시론이 제 모습을 갖춘 단계에서 출발할 수 있는 시론이라고 여겨진다. 그런데 김춘수가 무의미시론을 세상에 내놓기 시작했을 때 우리 현대시에서 의미 추구의 시론이 충분한 모습을 갖추었었다고는 나는 생각하지 않는다.(중략) 따라서 밀핵시론이 어쨌든 간에 완성된 지금에 와서는 김춘수의 무의미시

과 같이 적고 있다. "여기에는 (특히 은유와 관련하여) '의미(해석)=관념=불순한 것'이라는 김춘수의 도식이 온존해 있다. 오규원은 김춘수의 순수(무의미)/불순(의미)의 도식을 은유/환유의 도식으로 변용한 셈이다." 은유를 불신하고 환유를 지향하는 오규원의 시론은 김춘수의 무의미시론과 친연 관계에 놓이며, 은유를 제1의 시적 원리로 간주하는 밀핵시론과 정면으로 대립한다. 이 글 III장을 참조할 것.

7   "산문 설명도 생략한, 문자 그대로 넓은 지면에 글자 하나만 박혀 있는 시를 나는 '순수절대시'라 하리라."(밀핵 69.)

론을 밀핵시론의 연장선상에서 생각해볼 수 있지 않을까 하는 것이 나의 생각이다. 따라서 순서는 뒤바뀌었어도 밀핵시론은 무의미시론의 출발 당시 비어 있었던 시비평적 공간을 어느 정도 메울 수 있지 않을까 하는 생각을 해본다."(밀핵 137.)

이 인용문에서는 의미 추구의 시론과 무의미시론이 시의 단계적 발전의 도상에서 차례로 나타나는 이념으로 간주되고 있다. 하지만 이러한 진술도 양자의 관계를 분명하게 규정해주지는 못한다. 무의미시론은 의미 추구 시론을 부정하면서 등장하는 것인가, 아니면 의미 추구 시론을 발전적으로 계승하는 것인가? 아마도 성찬경은 후자의 관계를 염두에 두고 있는 것 같다. 그러기에 "무의미시론을 밀핵시론의 연장선상에서 생각해볼" 가능성을 시사했을 것이다. 그렇다면 의미 추구와 의미 부정, 의미의 최대화와 의미의 파괴 사이의 극단적 대립은 어떻게 이해하여야 하는 것일까? 밀핵시론과 같은 의미 추구의 시론이 반의미론적 모더니즘과 전위주의에 의해 부정되어야 할 전통주의가 아니라 여전히 무의미시론과 연속성을 지니는 실험적, 모더니즘적 이념으로 간주될 수 있는 근거는 어디에 있는가?

III. 은유로서의 밀핵

    성찬경의 오랜 친구이자 문학적 동반자였던 시인 박희진은 성찬경 시선집 『육체의 눈 영혼의 눈』의 해설 「인식과 찬미」에서 밀핵이란 곧 은유라고 단언한다. "은유가 전혀 배제된 그의 시란 생각할 수도 없다. 이른바 밀핵적 방법에 입각하여 '중량이 나가는 시'를 쓰려면, 바로 은유에 의존하는 것이 최적의 시적 기법이 된다. 그는 밀핵과 심상을 동의어로 사용한 바 있지만, 이제 나는 이에 한술 더 떠서, 그에게 있어서는 다음과 같은 등식이 성립될 수 있다고 본다. 즉 밀핵 = 심상 = 은유."[8] 이때 박희진이 말하는 은유란 "서로 모순되는, 또는 매우 이질적인 두 개 또는 여러 개의 사물이 실은 두 개나 여러 개가 아니라는, 하나로 관통되어 있는 것이라는 '깨달음'"[9]이다. 이는 은유를 진리의 형식으로 보는 관점이며, 이질적인 것 사이의 공통성에서 은유의 근거를 보는 고전 수사학의 입장에서 크게 벗어난 생각이 아니다. 따라서 박희진이 말하는 은유는 파울 첼란과 같은 현대 시인들에게서 특징적으로 나타나는 "대담한 은유" 혹은 "절대 은유"(비교를 정당화하는 의미론적 공통성을 발견할 수 없는 은유, 결합

---

8   박희진, 『인식과 찬미. 성찬경의 시세계』, 성찬경, 『영혼의 눈 육체의 눈』, 고려원, 1986, 254쪽.
9   위의 곳.

불가능한 것들의 결합)¹⁰와는 별 관계가 없는 것이다. 성찬경 자신도 『밀핵시론』에서 은유에 대해 논의하는데, 이때 은유는 의미의 밀도를 높이는 핵심적 방법으로서 밀핵시의 본질적 요소로 간주된다. "시에서 은유 기능을 조금 강조해서 말한다면, '시는 은유다' 하는 명제가 성립될 수 있다고까지 나는 생각하는 것이다. 하물며 밀핵시에서랴."(밀핵 72.) 그런데 이때 성찬경이 말하는 은유도 의미가 불투명한 암호Chiffre와 같은 절대 은유가 아니라 지극히 고전적인 의미의 은유다. 그는 아리스토텔레스에 기대어 은유의 핵심 요점을 다음과 같이 세 가지로 정리한다.

(가) 은유란 어떤 것에 소속이 다른 어떤 것에서 빌려오는 이름을 붙여주는 것이다.
(나) 은유란 언어의 축자적 용법에서 벗어난 낯선 용법에 의한 언어다.
(다) 은유는 유사하지 않은 것들 가운데서 유사성을 직관적으로 인식하는 행위다.(밀핵 73.)

---

10 비교 불가능하고 이질적인 것 사이의 비교와 결합으로서의 "절대 은유 absolute Metapher"라는 개념은 후고 프리드리히가 『현대시의 구조 Die Struktur der modernen Lyrik』에서 제안한 것이다. 그것은 앙드레 브르통과 같은 초현실주의자들의 요구이기도 하다. J. Schulte-Sasse/R. Werner, *Einführung in die Literaturwissenschaft,* München, Wilhelm Fink, 1977, 119-121쪽 참조.

이 지점에서 우리는 현대시와 문학이론에서 은유의 진리성에 대한 고전적 관념이 거듭 의문시되어왔다는 점을 떠올리지 않을 수 없다. 한편에서는 유사성을 발견할 수 없는 것들을 자의적으로 결합하는 절대은유와 같은 시적 실천을 통해서, 다른 한 편에서는 은유에 연결되어 있는 진리, 본질, 의미와 같은 이념을 해체하고 은유를 자유롭고 우연적인 기호의 놀이로 재해석하고자 하는 해체주의 비평을 통해서. 예컨대 폴 드 만과 같은 해체주의자는 진리 가치라는 면에서 은유를 비유의 꽃으로 간주해온 편견에 도전하고 은유란 결국 임의적이고 우연적인 치환으로서의 환유로 환원될 수 있다고 주장한다.[11] 조너선 컬러는 폴 드 만의 해체주의적 독해를 다음과 같이 요약한다. "우리는 심지어 이렇게 말할 수도 있을 것이다. 드 만 자신의 해체주의적 전략은 은유를 환유적으로 환유에 동화시킴으로써 은유를 은유적으로 특권화해온 전통을 전복하는 것이라고. 드 만은 텍스트 속에서 은유와 환유 사이에 존재하는 인접 및 연상 관계를 강조함으로써 환유적 원칙에 따라 은유가 환유에 속한다는 것을 암시하고 있는 것이다."[12] 이로써 은유와 환유 사이의 전통적 위계질서는 전복된다. 은유를 자의적인 이름 바꾸기인 환유의 일종

---

11 폴 드 만은 『독서의 알레고리』에서 프루스트 소설의 매혹적인 은유들이 실은 우연적인 환유의 놀이에 의존하고 있음을 분석한다. Paul de Man, *Allegories of Reading*, New Haven, Yale University Press, 1979, 65-67 참조.
12 Jonathan Culler, *The Pursuit of Signs*, Ithaca, Cornell University Press, 1981; 2002 (증보판), 199쪽.

으로 환원하는 이러한 관점은 의미와 진리, 동일성, 반복 개념에 대한 해체주의적 공격의 연장선상에 있으며, 의미를 부정하고 해석되기를 거부하는 전위적 현대시와도 맥락을 함께 한다.[13] 이러한 흐름들을 고려해본다면 여전히 유사성, 직관, 깨달음, 인식을 이야기하는 박희진과 성찬경의 은유론은 상당히 전통적이고 보수적인 관점으로 보일 수 있다. 의미의 밀도라는 견지에서 은유와 비유의 문제에 접근할 때 절대은유나 환유와 같은 현상이 주목의 대상이 되지 못하는 것은 당연하다. 따라서 성찬경이 밀핵시와 다양한 비유법적 장치의 관계를 논하면서 환유에 대해 아예 언급하지 않은 것 역시 놀라운 일은 아니다.[14]

밀핵이 곧 은유이거나 밀핵시에서 은유가 가장 중요한 것이라면, 시란 곧 은유라고 한다면, 그리고 이때 은유가 전통적인 의미에서

---

[13] 오규원의 날이미지 시론 역시 크게는 은유에서 환유로의 중심이동이라는 현대시적 맥락에서 이해할 수 있다. 오규원은 전통적인 시적 의미화 방식에 대한 심각한 회의에서 은유를 버리고 환유를 지향하며, 이를 통해 개념화되지 않은 현상적 사실, "날이미지"에 도달하려 한다. "나무가 대지의 푸른 불이며, 별이며, 날개를 가지고 있다는 식의 이런 시적 인식은 오랜 역사 기간 동안 대부분의 시인들이 해온 시적 대상의 의미화 작업이다. 얼핏 보기에 대상을 명확히 하는 것처럼 보이는 이 작업은 사실은 대상을 수없이 파편화하고 덧칠하는 작업의 일환이다(임제식으로 말하자면 '죽이기'의 일환이다."(오규원, 『날이미지와 시』, 문학과지성사, 2005, 47쪽.)

[14] 『밀핵시론』 1부에 실린 "밀핵시의 체질과 구조"라는 글에서 성찬경은 밀핵시의 창조에 기여하는 수사적 수단들로 은유, 상징, 유머, 아이러니, 패러독스, 새타이어, 역설, 모순어법, 풍자에 관해 설명하고 있다. 이중 단연 제1의 비중을 차지하는 것은 역시 은유다.

깨달음이나 진리 인식의 매체로 이해된다면, 도대체 밀핵시는 어떤 점에서 새롭고 실험적인가? 왜 진리의 표현을 자처하는 시가 자기 목적적인 순수시가 될 수 있는가? 이러한 질문과 관련하여 우리는 우선 성찬경의 세번째 시집 『시간음時間吟』에 실려 있는 「은유를 사랑한다」라는 시에 주목할 필요가 있다.

> 문득 삶에 놀라
>
> 떨리는 마음으로 삶을 쪼개볼 때
>
> 그 안에 들어 있는 희한한 열매
>
> 삶의 앞뒤의 경계에서
>
> 고루 빛을 뿌리는
>
> 사리 같은 것
>
> 「은유를 사랑한다」 부분

여기서 시인은 은유에 대해 노래한다. 그는 제목에서부터 자신의 시세계가 은유적인 것에 경도되어 있음을 밝힌다. 그런데 인용한 부분에서는 은유의 본질을 규정하는 시행 자체가 은유를 이루고 있다. 은유란 무엇인가? "문득 삶에 놀라 떨리는 마음으로 삶을 쪼개볼 때 그 안에 들어 있는 희한한 열매"이며 "삶의 앞뒤의 경계에서 고루 빛을 뿌리는 사리"다. 여기서 열매와 사리는 은유의 은유다. 중요한 것은 은유가 열매나 사리에 비유되고 있다는 사실이다. 이 논문의 맥락에서는 은유가 이질적인 것 속에서 동일성을 발견하는 직관적 인식이라는 이론적 설명보다, 은유가 열매이자 사리라는 은유적-시적 진술이 훨씬 더 의미심장하다. 성찬경의 은유론과 밀핵시론의 고유한 국면이 바로 이 지점에서 뚜렷한 모습을 드러내고 있기 때문이다. 이제 은유는 의미가 고농도로 집약된 결정체로 나타나며, 이는 또한 밀핵이라는 개념을 상기시킨다. 밀핵과 은유가 등치될 수 있다는 박희진의 통찰은 「은유를 사랑한다」 속에서 확증된다. 왜냐하면 밀핵이라는 단어에서 "핵"은 가장 중요한 것으로 이루어진 단단한 알맹이를 의미하고 삶 속에 들어 있는 희한한 열매나 사리의 이미지도 이러한 핵 이미지의 변종이라 할 수 있기 때문이다. 밀도가 높은 라듐이나 다이아몬드와 같은 광물성 결정체 또한 시인이 밀핵 개념과 관련하여 즐겨 사용하는 이미지들이다.[15]

여기서 우리는 밀핵 자체가 하나의 은유임을 깨닫게 된다. 밀핵,

---

15 "'밀핵시'란 시의 형식의 규모와 비교해서 예상보다 훨씬 많은 의미를 담고 있는 시, 말하자면 의미의 다이아몬드 같은 시, 라듐 같은 시를 가리키는 말이다."(밀핵 25.) 장이지는 성찬경의 시 속에 자주 등장하는 작은 고형물의 이미지에 주목한다. "그의 시에 자주 나타나는 작은 고형물 이미지는 '밀핵'을 물질화하여 표현한 것이다."(장이지, 『자아와 존재 사이의 삼투. 성찬경 시에 나타난 자아의 형상을 중심으로』, 『열린 시학』 53호, 2009, 57쪽.) 저자는 밀핵을 "예술적 자아의 왜상"으로 보고 그것을 시인이 젊은 시절 앓았던 폐결핵과 연결지으려 시도한다. 성찬경의 시 『반도체』에는 실제로 결핵과 밀핵이 연이어 등장하는 구절이 있다. "구토와 꿀맛,/징그러움과 싱그러움,/또는 그 역,/핵심, 음핵, 결핵, 핵탄,/밀핵, 핵가족."(『반투명』 143-144쪽.)

즉 조밀한 알맹이는 은유의 은유이며 더 나아가 의미의 은유인 것이다. 이러한 은유적 인식은 다음과 같은 진술을 가능하게 한다. "시어의 의미가 단단하게 정련될 대로 정련되면 그것은 어떤 광물처럼 의미의 결정을 이루게 된다. 마침내 의미의 물질화가 이루어지는 것이다. 이렇게 되면 시어들이 어떤 사물에 대해서 설명을 하는 구실을 넘어서서, 그것 자체가 한 의미의 결정체로서 마치 돌멩이처럼 거기에 그렇게 놓이게 되는 것이다. 어떤 점에서는 이것이 밀핵시가 지향하는 의미의 궁극이며 이상적인 상태라 할 수 있다."(밀핵 33.) 성찬경의 밀핵시론은 의미 추구의 시론이지만 이때 추구되는 의미란 마치 돌멩이와 같이 단단한 물질적 결정체가 된 의미, 그리하여 외적 현실에 종속되거나 그 속에 해소되지 않고 자체적으로 존립하는 의미다. 모더니즘적, 전위주의적 시 이념이 시어의 절대성, 자율성, 순수성을 위해 의미의 부정으로 나아갔다면, 밀핵시론은 의미를 포기하지 않은 채, 의미의 물질화, 의미의 밀핵화를 통해 순수절대시의 경지를 추구한 것이다. 전자의 경우 의미는 언어를 실재에 대한 반영이나 의사소통의 도구로 격하시키는 요인으로 나타난다. 의미는 실재의 그림자일 뿐이다. 언어는 의미를 버림으로써 비로소 자신의 고유한 본질로 돌아올 수 있다. 지마가 정확하게 서술한 것처럼 다다이즘과 미래파는 말을 의미에서 해방시켜 사물로 만들고자 했다. "초의미적 소리 언어는 말과 사회적 세계의 의미론적 결합을 해소하고 개념적 구속을 제거하여 말을 사물

(말-사물)로 만들기 위한 것이다."¹⁶ 하지만 성찬경에게는 의미 역시 현실과 마찬가지로 실체적인 것이며 언어의 본질적 계기를 이루고 있다. 언어는 의미를 벗어나야 언어 자체가 되는 것이 아니다. 따라서 그에게 '시는 언어 예술'이라는 명제는 '시는 의미의 예술'이라는 말과 등가이다. 성찬경 역시 미래파와 마찬가지로 말을 말-사물로 변형시키고자 한다. 하지만 성찬경의 말-사물은 소리-사물이 아니라(1차적으로) 의미-사물, 즉 밀핵이다.

IV. 의미의 두 의미: 기호학적 의미와 실용적 의미

빅토르 얼리치는 영어권에 처음으로 러시아 형식주의를 포괄적으로 소개한 저서 『러시아 형식주의. 역사와 이론』에서 시적 언어의 자율성을 위해 과격한 의미의 부정을 요구한 미래파와 초기 형식주의 이념에 의미에 대한 개념적 혼란이 작용하고 있었음을 정확히 지적하였다. "미래파는 언어 기호를 그것의 감각적 결로 환원하는 경향이 있기 때문에, 또는 같은 얘기일지 모르지만, 그들은 말의 의미와 지시체를 혼동하였기 때문에, 언어를 의미에서 해방시킨다고

---

16 Peter V. Zima, 앞의 책, 29쪽.

떠벌일 수 있었다."¹⁷ 그들은 에드문트 후설의 구별, 즉 말이 지시하는 비언어적 현상으로서의 대상(Gegenstand)과 그 대상이 제시되는 방식이라고 할 수 있는 '의미'(Bedeutung) 사이의 차이를 인식하지 못했다는 것이다. "후설에게 의미는 언어 외적 현실의 요소가 아니라 언어 기호의 일부이다."¹⁸ 얼리치는 이러한 개념적 구분에 근거하여 시적 언어의 자율성이라는 문제를 다음과 같이 정식화한다. "정말 중요한 문제는 의미에서의 해방이 아니라 지시 대상에 대한 자율성이었다."¹⁹ 그에 따르면 형식주의는 언어와 소리, 지시 대상과 의미를 혼동하는 초기의 미래파적 오류에서 벗어나 지시 대상에 대한 시적 언어의 자율성이라는 문제의식 속에서 음성적 요소와 의미론적 요소를 동등하게 다루는 방향으로 발전해간다. 이와 함께 의미의 부정이 아니라 다의성이 시적 언어의 특징임이 드러난다.

시적 콘텍스트에서 특징적으로 나타나듯이 복수의 의미론적 장 사이의 동요는 기호와 대상의 결속을 느슨하게 만든다. '실용적' 언

---

17   Victor Erlich, Russian Formalism. History – Doctrine, The Hague, Mouton Publishers, 1955; 1980 (4판), 184-185쪽.
18   위의 책, 185쪽. 기호에 의해 지시되는 대상Gegenstand과 그 대상이 지시되는 방식인 의미Bedeutung 사이의 구별은 프레게의 지시체Bedeutung와 뜻Sinn 사이의 구별에 대응한다. 동일한 독일어 단어Bedeutung이 후설과 프레게에게서 상반된 의미로 사용되고 있음을 알 수 있다.
19   위의 곳.

어가 실현하는 외연적 정확성은 연상의 내포적 밀도와 풍부함에 자리를 내준다. 다시 말해 시를 독특한 담화 양식으로 만들어주는 가장 두드러진 특징은 의미의 부재가 아니라 의미의 다양성이다. 이것이 바로 완숙한 형식주의에서 표명된 견해였다.[20]

이 인용문에서 우리는 특히 밀도density와 풍부함richness이라는 어휘에 주목해야 할 것이다. 그것은 지시 대상과 절연된 의미의 가능성을 승인하는 얼리치의 논리가 무의미시론과의 대칭적 입장에서 의미론적 밀도의 최대화를 주장하는 성찬경의 시론과 친연 관계에 있음을 보여주는 징후적 표현이기 때문이다.

이 문제와 관련하여 우리에게 중대한 시사점을 제공해주는 것은 소쉬르의 언어학, 그 중에서도 기표signifiant/기의signifie에 관한 이론이다. 나무라는 단어를 생각해보자. 잘 알려진 것처럼 소쉬르는 『일반 언어학 강의』에서 언어 기호가 "나무"라는 청각적 이미지와 식물로서의 나무에 관한 관념으로 이루어져 있다고 보고, 전자를 기표, 후자를 기의라고 명명했다. 그는 이처럼 기표와 기의, 그리고 양자의 통일체로서의 기호, 이렇게 세 개념을 구분하는데, 이러한 개념 구별이 필요한 것은 사람들이 흔히 기호를 청각적 이미지, 즉 기표와 동일시하면서 그 의미가 기호 바깥에 있다는 착각에 빠

---

20 위의 곳.

져 있기 때문이다.[21] 그는 『일반언어학에 관한 노트』에서도 기호와 관련한 사람들의 통념, 즉 "기호를 의미 작용과 임의로 분리할 수 있다는, 그리고 기호가 오직 질료적인 부분만을 지칭한다는 아주 잘못된 상상"[22]을 비판한다. 기호와 기표의 혼동과 쌍을 이루는 오류는 의미와 대상의 혼동이다. 기호 개념이 기호의 질료적 부분, 즉 기표로 축소됨에 따라, 의미는 기호 바깥으로 밀려나 기호 외부의 대상과 동일시되는 것이다. 하지만 소쉬르가 정의한 기의는 기표와 함께 기호의 본질적 구성 요소이고, 기호가 가리키는 외부 세계의 실체와는 명확히 구별되어야 한다. 소쉬르의 언어학은 기표와 기의로 구성된 기호에 관한 이론이며, 기호와 대상의 관계, 즉 지시적 관계는 언어학의 영역에서 배제된다. 그것은 그가 구상한 언어학이 추상적 언어 체계(랑그)의 이론이지 실제적으로 사용된 언어(파롤)의 이론은 아니기 때문이다. 그리고 언어 기호의 대상 지시라는 문제가 발생하는 것은 바로 파롤의 차원에서인 것이다. '나무'라는 기호가 현실적 의사소통 상황 속에서 사용될 때, 그리하여 추상적 개념으로서의 기의가 특정한 대상을 식별하기 위한 도구가 될 때("저기 저 나무 좀 봐!"), 비로소 우리는 기호가 대상을 가리킨다고 말할 수 있게 된다. 하지만 대상과 연관되기 전에도, 즉 랑그의 수준에서, 기호

---

21 Ferdinand de Saussure, Cours de linguistique générale, Paris, Payot, 1916; 2005, 99쪽 참조.
22 Ferdinand de Saussure, Écrits de linguistique générale, Paris, Gallimard, 2002, 96쪽.

는 언어 체계 속에 이미 존립하고 있으며, 이러한 기호의 본질적 구성 요소로서 의미(기의)는 대상 이전에 주어져 있는 순수한 기호학적 현상이다. 기호/대상의 틀로 기호를 이해할 때 기호는 오직 자기 바깥의 어떤 대상과 짝지어져 있기 때문에 기호이다. 자신이 아닌 대상을 가리키는 것(혹은 대상을 의미하는 것)이 기호의 본질이기 때문이다. 하지만 [기호(기표/기의)]라는 소쉬르적 개념틀은 기호를 대상에서 해방시킨다. 기호는 자기 안에 기표와 기의, 감각적 이미지와 개념이라는 두 측면을 지닌 의미작용 매체다.

소쉬르의 모델은 의미 단위가 단어에서 구, 문장, 더 나아가 텍스트로까지 확대되더라도 여전히 적용할 수 있다. 나는 어느 날 저녁 학교 캠퍼스 내의 아무도 없는 텅빈 벌판에, 도무지 누가 놀러올 시간이라고는 생각할 수 없는 상황에 혼자 서서 아이스박스를 등에 짊어지고 큰 소리로 '아이스케키 팝니다' 하고 외치는 장사꾼을 본 적이 있다. 그는 장사꾼이 아니라 정신이 온전하지 않은 사람이었을 것이다. 그는 저 문장을 완전히 부적절한 상황에서 사용했기 때문에 그 말에는 사실상 아무런 뜻도 담길 수 없었다. 그의 말은 무의미하다. 하지만 이처럼 부적절한 기호 사용은 역설적이게도 의미작용 매체로서의 언어 기호가 현실과 독립적으로 작동하고 있음을 보여준다. 내가 정신 나간 장사꾼의 외침을 부조리하고 무의미하다고 느낀 것은 바로 그 외침의 의미를 이해했기 때문이다. 나는 그가 다수의 군중을 상대로 하는 말을 하고 있음을 이해했고, 이러한 의미의 이해가 그의 말이 무의미하다는 판단을 가능하게 한 것이다.

'아이스케키 팝니다'라는 문장은 일정한 상황에서 일정한 목적을 이루기 위해 사용되는 말이지만, 본래의 상황이나 목적이 존재하지 않을 때도, 문장 자체는 여전히 그러한 의미를 보존하고 있는 것이다.

이 예를 통해 언어 표현에서 두 가지 종류의 의미를 구별할 수 있다는 사실이 드러난다. 하나는 기호가 자체적으로 지니고 있는 기의로서의 의미이며, 이를 기호학적 의미라고 부를 수 있을 것이다 (즉 "아이스케키 팝니다"라는 문장 자체가 현실 맥락과 무관하게 환기하는 의미). 다른 하나는 그 기호가 현실적 의사소통의 맥락에서 적합하게 사용됨으로써 발생하는 실용적 의미(위의 예에서 아이스크림을 파는 상행위의 한 계기로서의 의미)다. 전자의 관점에서 볼 때 광인의 외침은 의미를 지닌다. 후자의 관점에서 볼 때 그것은 무의미하다. 일상적 언어 생활에서 기호학적 의미는 실용적 의미로 수렴된다. 이러한 관점에서 기호학적 의미의 가치를 결정하는 것은 실용적 의미다. 그 때문에 광인의 부적절한 외침은 헛소리, 무의미한 소리로 간주된다. 하지만 관점을 달리하면 사태는 다른 국면을 드러낸다. 부적절한 사용으로 인해 실용적 의미를 상실한 기호는 현실과 절연하고 이에 따라 기호학적 의미가 전면에 부각되고 자립한다. 소쉬르가 랑그의 차원에 이론적으로 뚫고 들어가 도달한 인식을 광인은 노골적인 현실 부적응을 통해 실천적으로 드러낸다. 어쩌면 이 속에서 시적 언어의 중요한 특질을 발견할 수 있지 않을까. 시인은 시를 쓰기 위해 언어를 사용하지 않으면 안 된다. 하지만 시인은 언어의 사용을 부정하는 방식으로 언어를 사용함으로써 실용적 의미 이전의 자리에 있는 기호학적 의미의 층에 도달한다. 의미를 의미 자체로서, 존재로서 빚어내고자 한 성찬경이 요소시와 일자시로까지 나아간 것은 이러한 맥락에서 이해할 수 있을 것이다. 그것은 언어 사용에 대한 전면적 거부이며 대상에서 자율적으로 된 언어 자체, 기호학적 의미로의 귀환을 위한 시도인 것이다.

V. 순수시의 은유: 유리 파편에서 나사로

   기능주의와 유용성이 지배하는 세계에 대한 거부, 모든 것을 사회적, 인간적 필요에 맞추어 도구화하는 경향에 저항하며 존재 자체에 도달하고자 하는 충동은 근대 예술의 본질적 계기를 이룬다. 근대 사회에서 무용한 존재로서의 예술가는 모든 무용한 것들, 쓸모없게 되어 버려진 것들, 유용성에 길들여지지 않는 것들과 연대한다. 성찬경은 버려진 물건들을 모아 물질고아원을 '설립'하고 이를 자신의 예술적 오브제로 삼음으로써 바로 이러한 근대 예술의 정신을 현대 물질문명 비판이라는 문맥 속에서 새롭게 표명한다. 그의 시 「유리 와 병」(『성찬경 소네트 시집. 바스라 바스락 작업을 한다』)은 이러한 생각을 명료하게 표현한다.

     유리가 병으로 있는 한 언제까지나 병이다.
     인간의 수족이다.

깨어져야 유리는 유리가 된다.

병은 기능이요 쓸모다.

소유의 차원이다.

값을 매겨 사고 판다.

파편은 무엇이고 그것 자체다.

쇠는 쇠요 구리는 구리요 은은 은이다.

존재의 차원이다. 무값이다.

에덴동산이 어디뇨.

있는 것 모두가 있는 그대로

편안하게 나뒹굴면 바로 거기지.

산산조각난 것들이 창궁의 별처럼 모여들어

존엄의 왕좌에서 반짝이고 있다.

빛 뿜는 파편의 삼천대천세계다.

「유리와 병」 전문

    유리병은 인간의 수족, 즉 도구다. 유리병이 깨어지고, 유용성을 상실하면서 유리는 진정한 유리로 돌아온다. 그리하여 그는 다음과 같이 노래하기도 한다.(「이것이 내 식이다」, 『거리가 우주를 장난감으로 만든다』)

길에서 유리 조각을 주워

집에 가지고 와서 잘 씻어 유리병에 넣는다.

유리병이 차츰 유리 조각으로 차오른다.

나는 유리병에 '파편, 순수 물질, 너는 너다'

하고 써붙였다.

「이것이 내 식이다」 부분

  깨어진 유리, 아무 도구도 될 수 없는 유리 파편. 유리 그 자체로서의 유리. 우리는 이 시에서 유리를 언어에 대한 은유로 읽을 수 있다. 유리병은 의미를 지닌 언어 기호와 같은 것이다. 유리병의 용도가 바로 언어의 의미에 해당한다. 유리병이 깨어져 용도를 상실하고 파편이 될 때 유리가 유리 자체, 순수 물질이 된다는 시인의 언명에서 우리는 언어의 의미를 파괴하고 언어를 순수한 감각적 질료로 되돌리려 한 미래파적 무의미의 시학을 떠올리게 된다.
  하지만 두 번째 시는 유리병과 유리 조각의 대립이 그렇게 단순한 것이 아님을 보여준다. 왜냐하면 순수 물질이 된 유리 파편을 잘 보존하기 위해 시인은 다시 유리병을 필요로 하기 때문이다. 유리병과 유리 파편은 대립적일 뿐만 아니라 상보적이기도 하다. 우리의 시선을 이제 유리 파편에서 유리병으로 옮겨보자. 유리병은 여전히 유리병이지만, 음료수나 술이 아니라 전혀 쓸모없는 것을 담음으로써 유리병의 쓰임새 자체에 변화가 일어난다. 뭔가를 담을 수 있다는 유리병의 용도는 그것이 정말로 무언가 필요한 것을 담을 때 비로소 실용적 쓰임, 실용적 의미로 구현된다. 그런데 그 자체 아무런 쓸모도 없게 버려진 유리 조각이 담겨지면서, 유리병 역시 기능과 쓸모를 잃고, 소유의 차원을 벗어나게 된다. 즉 유리병은 무無를 담음으로써 실용적 의미를 상실하지만, 그렇다고 해서 자신이 품고 있는 유리 파편처럼 절대적으로 무의미한 순수물질로 화하는 것도 아니다. 그것은 여전히 병이고, 무언가를 담는다. 유리병은 담음 자체를 구현한다. 유리조각이 유리병 속에 채워질 때, 실용적 의미에서 기호학적 의미로의 전회가 일어난다. 이 지점에서 우리는 성찬경 시인이 나사시 연작(『소나무를 기림』)에서 보여준 세계로 들어간다.

시인은 도처에서 버려진 나사를 줍는다. 나사는 그 쓰임을 다하고, 비틀려지고, 마모되어, 실용적 가치밖에 알아보지 못하는 사람들에 의해 버려진 것이다. 하지만 시인은 여기서 나사의 질료인 쇳덩어리만을 보는 것이 아니라, 여전히 나사를 본다. 말하자면 나사의 본래적, 기호학적 의미는 부정되지 않는 것이다. 나사는 "금붙이"이자 "결합의 원리"(「나사 2」)이다. 게다가 버려진 나사는 나사로서 기능해온 지나간 시간의 모든 추억을, 더 나아가 세상의 모든 나사들, 나사의 역사 전체와 그 의미를 환기한다. 그것은 그 나사가 지금 어떤 기계에 박혀 그 기계가 돌아가는 데 쓰이지 않고 있기 때문이다.

단편을 이어 문명을 쌓는 나사.

너 종지부. 너를 또 잇는 나사는 없구나.

세발자전거도 바이킹 1호도

너로 하여 한 단위가 된다.

단순 유현한 결합의 원리.

이제 길에 버려진 고아 나사여.

「나사 2」 부분

문맥에서 벗어나

의미를 잃은 너.

모선에서 버림받아

영원한 미아가 된 것 이외엔

딴 의미가 없는 너.

허나 의미의 영점에서 피어나는 절대의미.

야릇한 값이 전환.

「나사 3」 부분

그리하여 시인은 나사를 향하여 나의 은유가 되어달라고 호소한다.

나사여

너 내 사랑하는

은유가 되어다오.

너의 얼개가 단순하므로.

나사여,

너 내 사랑하는

은유가 되어다오.

너의 태 없는 태가

볼수록 묘하므로.

(중략)

나사여,

너 내 사랑하는

은유가 되어다오.

너의 무게가

白色矮星만 하므로.

「나사 15」 부분

　우리는 이 자리에서 은유가 곧 밀핵이라는 박희진의 지적을 상기할 수 있다. 또한 성찬경이 「밀핵」이라는 시(『화형둔주곡』)에서 밀핵을 백색왜성에 비유하고 있다는 것에도 주목해야 한다. 그렇다면 나사는 곧 밀핵이라고 할 수 있을 것이다. 나사는 사물로 구현된 밀핵인 것이다. 나사가 물체로서 정말 엄청나게 무거워서 백색왜성과 비교되는 것이 아님은 물론이다. 나사는 그 단순하고 작은 몸으로 우리 일상생활에 필수적인 장치에서 엄청난 규모와 위력을 지닌 기계들에 이르기까지 모든 도구의 통합성을 지탱하고 그것을 제대로 작동하게 해준다. 나사는 도구의 도구다. 실제로 기능하지 않는 나사는 나사의 그 어마어마한 쓸모를 의미로 지니는 기호가 된다. "란든의 거리"(「나사 14」)에서도, "남가좌동"에서도, "미아리고개"에서도 굴러다니는 나사(「나사 12」)는 그 보편적인 용도와 함께 현대 문명의 추억 전체를 그 작은 몸에 떠안게 된 것이다. 나사는 의미의 밀도가 고도화된 언어, 즉 시의 은유가 된다.

Ⅵ. 사용되지 않은 말들: 1자시를 향하여

　위와 같은 나사에 대한 생각은 자연스럽게 언어에 대한 생각으로 나아간다. 시인은 나사 시 속에서 나사 언어를 생각한다.

> 너에게 자연히 이어지는 말들이 있다.
>
> 골이나 염통의 구실이 아니라
>
> 너처럼 나사 구실을 하는 말들.
>
> 가, 을, 에, 로라 따위의 기능어.
>
> 기능어의 또 붕괴.
>
> 그 부스러기를 주워모아
>
> 묵주를 꿰어볼까.
>
> 목에 걸고 다녀볼까.
>
> 「나사 3」 부분

　언어에서 나사 구실을 하는 것은 말과 말을 이어주는 역할을 하는 낱말들, 조사, 접속사, 접미사 같은 것이다. 그것은 스스로 실체적 의미를 지니지 않기에 실체적 의미를 지니는 체언이나 용언에 기대어서만 기능하지만, 체언이나 용언도 나사말 없이는 정확한 의

사소통의 매체로 작동하기 어렵다. 시인은 이런저런 나사들을 수집하고 모아놓듯이, '가' '을' '에' '로라' 같은 나사말들을 엮어보는 상상을 한다. 이미 여기에서 시인이 훗날 시험해보게 될 2자 1행시, 1자 1행시, 더 나아가 1자시의 싹이 돋아나고 있다.

간단히 말해서 2자 1행시, 1자 1행시는 1행이 각각 두 음절 단어, 한 음절 단어로 이루어진 시를 뜻한다. 이때 각 단어는 대개 순우리말 명사다. 2자 1행시의 예를 들어보면 다음과 같다.(『논 위를 달리는 두 대의 그림자 버스』)

사랑

슬기

사람

이슬

염통

기름

가슴

나무

….

「사랑」 부분

시 「나사 3」에서 시인은 나사말만 모아보는 상상을 했지만, 2자 1행시와 1자 1행시에서는 나사말은 사라지고, 명사의 나열만으로 한 편의 시가 구축된다. 체언이나 용언 등이 빠진 나사말만의 나열뿐만 아니라, 나사가 빠진 명사만의 나열도 전체를 묶어주는 통합적 의미를 생산하지 못한다, 우리는 여러 품사의 단어들을 조합하여 (여기서 나사말의 역할은 결정적이다) 일정한 의미를 지닌 문장을 만들고, 다시 여러 문장들을 조합하여 일정한 의미를 지니는 한 편의 글을 만든다. 이러한 원리를 생각해볼 때 우리말 명사의 나열만으로 시 한 편의 의미가 만들어질 수 없는 것은 자명하다. 그런 점에서 2자 1행시든 1자 1행시든 일종의 무의미시라고 말할 수 있을 것이다. 김춘수는 무의미시를 만드는 방법에 대해 다음과 같이 말한 바 있다.

한 행이나 또는 두 개나 세 개의 행이 어울려 하나의 이미지를 만들어가려는 기세를 보이게 되면, 나는 그것을 사정없이 처단하고 전연 다른 활로를 제시한다.[23]

즉 시 행들이 합류하여 어떤 의미 있는 상이 되는 것을 방해함으로써 무의미시가 만들어진다는 것이다. 우리는 1자 1행시의 배열 원리에 대한 성찬경의 설명에서도 이와 비슷한 내용을 발견한다.

---

23 김춘수, 『의미에서 무의미까지』, 『김춘수 전집 2』, 문장사, 1982, 388쪽.

글자 하나의 낱말이 이어질 때 우연히 모인 소리들이 어떤 뜻을
갖도록 하는 것은 절대로 피하도록 한다. 예컨대 '비'와 '옷'은 절대
연이어지지 않도록 조합한다.(밀핵 61)

어떤 전체적인 의미가 만들어지지 않게 한다는 점에서 김춘수와 성찬경의 방법은 동일하지만, 그 목적은 상이하다. 김춘수가 어떤 '이미지'도 완성되는 일이 없도록 하기 위해 이미지 지우기 전략을 구사하는 반면(위의 인용문에서 '처단'이라는 과격한 표현은 이러한 시인의 의도를 분명히 해준다),[24] 성찬경의 의도는 전체가 부분의 의미를 가리지 못하게 하려는 것이다. "'비'와 '옷'을 붙여놓으면 '비옷'의 뜻이 발생하여 '비'와 '옷'의 독자적인 뜻의 영역이 사라지기 때문이다."(밀핵 61.) 다시 말해 2자 1행시와 1자 1행시의 목표는 어떤 무의미한 시를 만드는 것이 아니라 전체의 의미를 포기함으로써 그것을 이루는 낱말 하나하나의 의미가 최대한 살아 있는 시를 만드는 데 있다. 이를 시인은 '팔레트 걸어놓기'라고 표현한다.

---

[24] 조연정은 그것을 이미지 덧칠 혹은 덧씌우기의 방법이라고 부르면서, 표상적이고 재현적인 매체인 언어를 통해 반재현적인 작품을 창조한다는 무의미시론의 모순적 과제를 해결하기 위한 전략으로 파악한다. 조연정, 『'반-재현'의 불가능성과 '무의미시론'의 전략』, 『한국 시학 연구』 41호, 2014, 301-302쪽 참조. 그렇다면 의미의 최대치를 추구하는 밀핵시는 과연 재현적이라고 할 수 있을까? 이 문제에 답하기 위해서는 언어적 의미작용과 재현의 관계에 대한 복잡한 철학적 고찰이 필요하다.

"팔레트에 물감을 아무렇게나 짜놓으면 물감 하나하나가 살아서 보석처럼 빛난다. 7색 무지개 색들이 서로 다투듯 그 고운 빛깔을 뽐낸다. 팔레트 위에서만은 누구나 일급의 추상화가다. 그런데 그 물감들을 섞어서 캔버스 위에 칠하면 그 순간 물감들은 서로 돕는 것이 아니라 서로 상대방을 죽여서 탁하고 지저분한 빛깔로 변한다. (중략) 이때 발상의 전환이 필요하다. 어느 순간에 가서 그리던 그림은 제쳐놓고 대신 그 팔레트를 벽에 걸고 이것을 한 작품으로 보면 될 것 아닌가."(밀핵 55-56.)

시인은 물감을 사용하지 않고, 그냥 그대로 제시할 것을 제안한다. 이러한 유비를 따라간다면, 2자 1행시나 1자 1행시는 낱말을 더 큰 단위의 글을 만들기 위해 사용하지 않고, 낱말 그 자체로서 보게 만드는 시라고 말할 수 있을 것이다. 이때 낱말은 실제로 시를 위해 사용되었으면서도 사용되지 않은 상태에 가깝다. 마치 아직 문장이나 글 속에 쓰이지 않고 국어사전의 항목으로 머물러 있는 어휘들처럼. 이러한 독특한 낱말 사용의 방식, 즉 비사용의 사용을 통해 낱말의 뜻은 그것의 기호학적 의미로 환원된다. 정확히 말하면 낱말의 의미는 모든 주변적 문맥이나 현실적 상황에서 해방되어 자립하게 되는 것이다.

시인은 이러한 과정을 거쳐 결국 1자시에 도달한다. 한 편의 시가 한 글자의 낱말로 이루어진 시. 이제 '해', '달', '별'과 같은 낱말이 그대로 시의 제목이자 본문이 되어 텅빈 백지의 한쪽 귀퉁이에 제시된다. 낱말들은 오직 자기 자신을 바라보라고 독자에게 촉구한다. 독자는 이러한 요구를 피해갈 수도 없다. 백지 위에는 오직 한 글자의 낱말밖에 없으므로. 기호는 모든 문맥에서 해방되어 기표와 기의의 통일체로서 홀로 의미작용을 한다. 우리는 파롤의 세계에서 순수한 랑그의 세계 속으로 침잠한다.[25]

---

25 권혁웅은 이와 관련하여 성찬경의 1자시의 순수시적 본질에 대해 의문을 제기한다. "문제는 저 어상, 어감, 뉘앙스가 저 말이 쓰이는 문맥, 사물의 용도와 기능, 질료가 야기하는 자연심상 등에 의해 선규정되어 있다는 점이다. 저 시어들은 저 말이 쓰이는 문맥을 벗어나서는 본래의 어감들을 상기시키지 못하며, 그것의 실용적인 목적을 모르고서는 그것의 힘을 느낄 수 없고, 자연적 이미지의 도움을 얻지 못하고서는 그 뉘앙스를 전달하지 못한다. (중략) 그렇다면 저 의미란 일자시가 가진 본래적 힘이 아니라, 지시하고 의미하고 소통되는 과정에서 생긴 부산물이라고 보아야 옳을 것이다. 이를 순수시의 다른 이름인 '절대시'라고 부를 수가 없는 것이다. 시의-절대성을 말의 쓰임과 용도에서 찾고 있기 때문이다."(권혁웅, 위의 글, 235쪽.) 이 지점에서 기호학적 의미와 실용적 의미 사이의 구별을 상기할 필요가 있다. 기호학적 의미는 현실과 절연된 상태에서 작용하는 것이라는 점에서 실용적 의미와 구별되지만 그 기원은 궁극적으로 실용적 의미에 있다. 언어는 사용의 기억을 간직한다. 그러기에 언어가 특정한 문맥에서 사용되지 않을 때에도 그 기억을 환기할 수 있는 것이다. 소쉬르가 랑그 차원의 현상으로 간주한 기의는 사실상 언어의 실제적 사용 경험이 축적되어 형성된 집단 기억의 결과물인 것이다. 기호학적 의미는 언어가 실용적, 지시적 의미를 실현하기 위한 잠재력이며 실용적 의미 이전에 존재한다.(그 점에서 그것은 현실적 대상에 선재하는 플라톤의 이데아와 비교될 수 있다.) 하지만 기호학적 의미는 실용적 의미를 기원으로 한다는 점에서 실용적 의미 뒤에 온다고 할 수도 있다. 그렇기 때문에 일자시가 환기하는 의미는 권혁웅이 정확하게 지적한 대로 "지시하고 의미하고 소통되는 과정에서 생긴 부산물"이다. 일자시의 핵심은 이러한 부산물을 주인공으로 무대의 중심에 세운다는 데 있다.

그렇다면 왜 하필이면 시인은 한 글자, 한 음절로 된 낱말을 택한 것일까? 왜 2자시나 3자시는 쓰지 않은 것일까? 시인 자신은 이를 밀핵시 이념의 "압축 지향"(밀핵 63)으로 설명한다. 시집 『화형둔주곡』에서 보여준 초기 밀핵시가 최대한의 의미들을 한 편의 시에 담아내려는 데 집중되어 있었다면 그의 후기 시에서는 시의 길이를 줄임으로써 밀도를 높이는 것으로 실험의 초점이 옮겨진 것이다. 그리고 그 압축의 노력은 1자시에서 더 나아갈 수 없는 종착 지점에 이르게 된다.

하지만 여기에는 글자나 음절의 수 이상의 의미가 들어 있는 것으로 보인다. 모든 언어에서 가장 기초적이고 보편적이며 광범위하게 사용되는 어휘들은 소수의 음절로 구성된다. 그것은 사용 빈도가 높을수록 간단하게 발음하려는 보편적인 언어심리학적, 언어경제학적 원리가 작용한 결과이다. 그 중에서도 으뜸은 역시 1음절 낱말이다. 반면 낱말의 의미는 많이 사용될수록 더 풍부해진다. 낱말의 기호학적 의미, 즉 기의는 기표가 환기하는 관념의 총화이고, 기표의 환기력은 낱말의 사용과 함께 증가되기 때문이다. 한 낱말의 기의는 언어 사용 역사의 추억인 것이다. 많이 사용되니까 음절(기표)이 압축되고, 이와 동시에 그 말에서 환기되는 관념(기의)은 더욱 풍부해진다. 따라서 1음절 낱말의 경우 의미의 밀도는 필연적으로 극대화된다. 그것은 은유를 구사하는 시인의 인공적 노력 없이 자연언어 속에서 저절로 만들어진 밀핵이다. 따라서 1음절 낱말은 성찬경이 평생 추구한 밀핵시 이념에 대한 상징이 된다. 그가 자신의 1자1행시를 메타시라고 부른 것은 아마도 이런 이유에서일 것이다.(밀핵 63) 당연한 이유에서 1자시 역시 메타시이다. 그것은 시인이 밀핵시의 이념에 따라 창조한 시라기보다는, 밀핵시의 이념을 예시하는 시라고 보아야 할 것이다.

VII. 결론

이 논문은 성찬경의 밀핵시론이 의미 추구의 시론으로 규정될 수 있다면, 그것은 의미 부정의 방향으로 나아간 다른 모더니즘적, 전위적 시의 이념과 어떤 관계에 있을까 하는 의문에서 출발했다. 이 문제를 추적해가는 가운데 우리는 성찬경이 시를 통해 의미를 추구하지만, 이때 의미란 의사소통적 기능에 봉사하는 의미나 대상을 지시하는 의미, 혹은 실재를 재현하는, 실재의 그림자로서의 의미가 아니라, 그 자체로 대상에서 자립하여 마치 단단한 결정체처럼 존재하는 의미라는 점을 확인할 수 있었다. 그런 점에서 성찬경의 밀핵시론은 대상을 부정하는 김춘수의 무의미시론과 일정한 연속성과 차별성을 드러낸다.

이 논문에서는 더 나아가서 의미의 밀도를 최대화한다는 밀핵시의 이념을 실천하는 창작 방법을 이해하기 위해 주로 성찬경의 후기 실험 양식에 속하는 2자1행시, 1자1행시, 1자시 등을 검토해보았다. 그리고 밀핵적 방법의 핵심은 언어를 양적으로 최소화하는 동시에 사용의 맥락을 제거함으로써 언어의 환기력을 증폭시키는 데 있음을 확인할 수 있었다.

하지만 성찬경의 후기 양식들은 언어에서 자연적으로 형성된 밀핵들을 발견하고 수집하는 성격을 띠고 있어서(시인 자신이 그런 방법을 "팔레트 걸기"라고 명명한다), 시인이 밀핵적 이미지를 구성하기 위해 어떤 방법을 사용했는가 하는 물음에 답하기 위해서는 그의 이전 시들에 대한 보다 본격적인 분석과 해석 작업이 이루어져야 한다. 무엇이 한 편의 시를 밀핵적으로 만드는가? 밀핵시는 어떤 방법에 의해 구성되는가? 우리는 일단 이 문제와 관련해서 시인의 시 「반투명」에서 명백히 드러나는 대립자의 일치라는 이념이 핵심적 의미를 지닐 것이라고 추측할 따름이다. 이에 대한 상세한 고찰은 추후의 연구 과제로 남겨둔다.

【 참고문헌 】

1. 자료

1. 『화형둔주곡』, 정음사, 1966.
2. 『반투명』, 서문당, 1984.
3. 『영혼의 눈 육체의 눈』, 고려원, 1986.
4. 『소나무를 기림』, 미래사, 1991; 1996(4쇄).
5. 『논 위를 달리는 두 대의 그림자 버스』, 문학세계사, 2005.
6. 『거리가 우주를 장난감으로 만든다』, 현대시, 2006.
7. 『해. 성찬경 일자시집』, 고요아침, 2009.
8. 『성찬경 소네트시집. 바스락바스락 작업을 한다』, 고요아침, 2012.
9. 『밀핵시론』, 조선문학사, 2014.

2. 논문 및 단행본

1. 권혁웅, 「순수시의 계보와 한계. 시론과 시의 상관 관계를 중심으로」, 『어문 논집』 71호, 2014. 153-182쪽.
2. 김춘수, 『김춘수 전집 2』, 문장사, 1982.
3. 오규원, 『날이미지와 시』, 문학과지성사, 2005.

4. 장이지, 「자아와 존재 사이의 삼투. 성찬경 시에 나타난 자아의 형상을 중심으로」, 『열린 시학』 53호, 2009, 53-67쪽.

5. 조연정, 「'반-재현'의 불가능성과 '무의미시론'의 전략」, 『한국 시학 연구』 41호, 2014, 277-308쪽.

6. Culler, Jonathan, The Pursuit of Signs, Ithaca, Cornell University Press, 1981; 2002(증보판).

7. De Man, Paul, Allegories of Reading, New Haven, Yale University Press, 1979.

8. De Saussure, Ferdinand, Cours de linguistique générale, Paris, Payot, 1916; 2005.

9. De Saussure, Ferdinand, Écrits de linguistique générale, Paris, Gallimard, 2002.

10. Erlich, Victor, Russian Formalism. History – Doctrine, The Hague, Mouton Publishers, 1955; 1980(4판)

11. Schulte-Sasse, J./Werner, W., Einführung in die Literaturwissenschaft, München, Wilhelm Fink, 1977.

12. Zima, Peter V., The Philosophy of Modern Literary Theory, London, The Athlone Press, 1999.

김태환

서울대학교 사법학과를 졸업하고 같은 학교 대학원 독어독문학과에서 박사학위를, 오스트리아 클라겐푸르트 대학에서 비교문학 박사학위를 받았다. 현재 서울대학교 독어독문학과 교수로 재직 중이다. 지은 책으로 『푸른 장미를 찾아서』, 『문학의 질서』, 『미로의 구조』 등. 옮긴 책으로 『모던/포스트모던』, 『피로사회』, 『시간의 향기』, 『투명사회』, 『심리정치』, 『에로스의 종말』, 『삶과 나이』 등이 있다.